新版

教職概論

先生になるということとその学び

髙妻紳二郎
植上　一希
佐藤　　仁
寺崎　里水
伊藤亜希子
藤田由美子
著

 協同出版

は　じ　め　に

　本書は、大学に入学して、さあ教職を目指そうという人たちを対象に編集
されたものである。大学に入学して、皆さんは、なぜ、「教職」を将来の選
択肢のひとつに選んだのだろうか。なぜ、「教育」について学ぼうと思った
のだろうか。おそらく「教育」に対して漠然とした興味、関心があったから、
あるいはこの時点ですでに教員になるという強い気持ちを持っているからだ
ろう。皆さんの教育についての関心は、自分が受けてきた教育経験、自分が
置かれてきた教育環境に由来しているはずである。また、教員は多様な児童
生徒、保護者対応に追われるなど際限のない仕事量や、いわれのない批判な
どから「ブラック職業」とも形容され、いわゆる「教職離れ」の原因となっ
ている。そのような状況の中で現実には、少しでも「いい教員・即戦力」を
確保するために各自治体は様々な工夫を凝らした採用試験を取り入れはじめ
ている。特に小学校は教員不足という現実もあって、大学卒業後にすぐ教職
に就く学生も増えてきた。ただし、小学校教員、中学校教員、高校教員まで
の道のりは長く、いくつものハードルを超えなければならない。

　皆さんは教師になることへの積極的な関心を持ちつつも、「教員は大変だ」
といったニュースが流れるたび、不安や心配も芽生えるに違いない。先生と
いう職業への世間の眼差しもこの数年でずいぶん変化してきた。「土日の指
導はなくなりそうですが、平日の部活指導で大変ですね」「時間外労働が多
くて気の毒ですね」と同情されたり、「また若い先生が担任だ」とか「今度
の担任はアタリだ」といったことが、自分の知らないところで保護者の
SNSで流れたりするのが当たり前となってきた。それぞれの学校が抱える
課題の複雑・多様化傾向も強まり、皆さんが教員の資質をととのえて卒業後
に教壇に立つ前に獲得しておかねばならない能力についても、都道府県や政
令指定都市が定める「教員育成指標」のなかに盛りだくさんの項目がみられ
る。学校や担任への苦情対応や、荒れた学校における生徒指導の難しさ、特
別な支援を必要とする児童生徒との接し方や導き方、増加傾向にある外国に
ルーツを持つ児童生徒への対応、コロナ禍以降すっかり授業風景のひとつと

1

なった ICT 機器 の活用など、数年後にこれらの課題に直面する皆さんの心の準備はどれほどできているだろうか。

　その一方で、若い力とエネルギーにあふれた世代に直接に触れることができ、児童生徒とともに成長できることも教員の特権でもある。皆さんのなかにはクラス担任や部活指導等を通して恩師にめぐまれた人も多いに違いない。難題と楽しさが併存する教職という職業には、確かな知識を基盤にして、これまで以上に「児童生徒と関わりあう」という行為への強い気持ちが求められていることを忘れずにいて欲しい。

　そこで本書では、大学の教職課程とは何か、教職に就くとはどういうことか、そのためにどのようなことを学び、身につけておかなければならないのかなど、教職に関わる基本的な知識や考え方を理解することを目的としている。

　教職を目指す学生はそれぞれ「教職履修カルテ」を作り、教職課程で学ぶ４年間の自分の歩みを定期的に振り返ることは必須の作業となっている。記録した学びの振り返りをもとに、大学４年後期において「教職実践演習」という必修の時間で、本当に自分が教職に就くのか、教員になる自分の強みや弱みはどこにあるのか等について確認する機会も用意されている。これからは日本の先生に求められる知識やスキルが「コア・カリキュラム」として提示され、その獲得レベルも問われるようになるだろう。こうした教員養成をめぐる動向もふまえながら、本書では、これからの時代、「教師になるとはどういうことなのか？」「教師になれるのか？」「キャリアとしての教職とは？」「教師の悩みや葛藤は？」「授業のほかにどんな仕事があるのか？」「教師は本当に自分にあった仕事なのか？」といった教職に関わる基礎的な知識の獲得とともに教職への心構えをぜひ養っていただきたい。さらに皆さんには、各章でピックアップされたトピックや課題について「思考する」ことを重視してもらいたい。教職入門のテキストという性格であるけれども、自分の進路の一つとして教職を位置づけるとともに、広い視野にたって考える習慣を身につけてもらうためである。

　本書は、教職課程の入門期に開講される授業を担当する教員６名で共同執筆、編集され、2012年初版、2017年改訂版を踏まえた新版である。主として

2

私立大学で教職課程を履修する学生を念頭に、教職課程のスタート科目である「教職概論」（1年次開講科目）で、目的養成ではない大学・学部で教員免許を取得しようという学生の実態を踏まえた内容となっている。教職に関わる通り一遍の解説を避け、いまの大学生の実態に寄り添いながら問いかけを重ねている。ぜひ、執筆者からの問いに向き合い、自己の教職への気持ちを確認してもらいたい。各章に執筆者からの問いを設定したり、学生の理解の手助けとなるような資料やコラム、写真等も取り入れ、半期の講義を終えた段階では教職への各自のアプローチの姿勢がおのずと明確になっているだろう。そこであらためて教職に向かい合い、自己をみつめてもらいたいと思う。

2023年1月

髙妻紳二郎　　植上　一希

佐藤　　仁　　寺崎　里水

伊藤亜希子　　藤田由美子

目　次

序章　教職の意義
教職のスタートライン

第1節　期待と不安

　本書冒頭の「はじめに」で次のような問いを投げかけた。《みなさんは、なぜ、「教職」を将来の選択肢のひとつに選んだのだろうか。なぜ、「教育」について学ぼうと思ったのだろうか。》

　これらの問いへの回答はみなさん1人ひとりで異なるだろう。すでに教職に就くという確固たる意思を持っている人もいるだろうし、教員免許ぐらいは取っておこう、教員免許ぐらいは取っておきなさいと言われた、という消極的な動機から本書を手に取っている人もいるだろう。大学1年のいま、正直漠然とした気持ちもあるだろうが、教職課程を履修しない友達よりも多くの単位を取得しなければならない道を選びとろうとしている自己の決断と教職課程における学びに高い価値をおいて学生生活を送ることについて、是非自覚的であって欲しい。

　さて、「教職」とはいったいどのようなものなのか、これまでの自分が受けてきた教育体験のなかでのイメージしかないであろうみなさんには、この時点で多くの知りたいこと、聞きたいことがあるに違いない。みなさんの先輩から数多く寄せられた疑問や質問には以下のようなものがある。いくつか紹介してみよう。今の自分が抱いている疑問と重なるものがあるだろうか。チェックしてみよう。

　　□先生はブラック職業というのは本当ですか？
　　□部活は自分が苦手なものもしなければならないのですか？
　　□自分の専門外の科目を教えたりすることはありますか？

□高校で日本史をとってなかったのですが、地歴の先生になれますか？

□採用試験には一般教養もあるのですか？

□コンピュータにはどれくらい強くないといけないですか？

□モンスターペアレントが心配です。

□私はまだ１年生ですが、教員採用試験の勉強はいつくらいから始めたら
　よいでしょうか。

□私は、保健体育科の教員になりたいのですが、体育の教員を目指すうえ
　で、部活に入り専門種目を持っていないのは不利でしょうか。部活、あ
　るいはサークルなどに入っていた方がいいのでしょうか。

□４年生の時に教員採用試験に受からなかった人の多くは、卒業後どのよ
　うな進路に進んでいるのですか？

□教員になりたい４年生の中で、一般企業の就職活動をしている人は多い
　ですか？

□講師って何ですか？　講師になるのは難しいですか？

□教育実習は、必ず母校でないといけないのでしょうか？

□アルバイトは学習塾などの方がいいですか？

□私は自分の地元で教員として働くことを願っているのですが、地元の教
　員になりたいのなら地元の教職大学院に進むことを考えておいた方が良
　いと言われました。やはりそれが有利なのでしょうか？

□教職大学院はどのようなことをするところなのでしょうか？

□生徒はどうしたらやる気がでますか？　どうしたら話を聞いてくれます
　か？　コミュニケーションを上手くするうえで大事なことがあれば教え
　てください。

□私立の学校と国立の学校、公立学校の採用試験の違いはありますか。ま
　た、働きだしてどのような違いがありますか？

□今までの経験と、塾の講師をして改めて気付いたことですが、私は性格
　的に人を叱ることができません。どうしたら改善できるでしょうか？

□海外留学とか別にやりたいことが見つかって留年したら教員採用試験で
　不利になりますか？

□先日、セミナーで集団討論に参加しました。そこで、集団討論中に全く

意見が言えない自分に非常に危機感を覚えました。集団討論などの対策は何年生から始めるのが良いですか？

□高校までの授業内容と大学の授業内容が違いすぎて、何が社会科の免許に必要な知識なのかわかりません。これで大丈夫でしょうか？

□部活動指導はどうなるのですか？

□小学校と中学校の免許をとると有利なのですか？　小学校の免許はどうやったらとれますか？

□社会体験をするのは、アルバイト以外で何か他にありますか？

　先輩たちの質問にあなたはいくつチェックがついただろうか。これらの疑問への回答は講義の時間に譲るとして、みなさんはなぜ教員免許を取得しようと思ったのだろう。繰り返すが、昔からの夢、恩師のアドバイス、親が教師なのでその影響、大学に入ったのだからせめて教員免許だけはとっておきたい、オリエンテーションで勧められた、先輩からとって損はないと言われた、公務員だから生活が安定しそう、採用試験倍率が下がってなりやすくなった…、様々な理由がありそうだ。スタートラインにたった今、教職課程の様々な授業を受けるプロセスにおいても、その原点を抑えておいて欲しい。さらにプロとして教育に携わること―授業を滞りなくできること、生徒指導・担任としての学級経営、保護者対応、そして部活指導―を生活の糧とする専門家集団への仲間入りをすることを覚悟し、絶えず意識しておきたい。30〜40人の生徒たちとどのように向き合うか、授業だけでなく生徒の生活をまるごとケアする気持ちがあるか、「チーム学校」の一員として他の教員と協力して踏ん張っていけるかどうか、自分の意気込みを確かめてみることがまず必要だ。

第2節　「4年間の学びの記録―教職履修カルテ」を作る

　さて、教職課程に学ぶ学生は「教職実践演習」を教職課程のゴールとして受講しなければならない。これは4年生の後期に開講される科目であり、教員として必要な知識技能を修得したことを確認するための総まとめとして位置づけられた科目である。単位さえ修得すれば教員免許の申請が可能となる

という手続きが再強化され、大学の教職課程の最終段階においてこれまで以上に教員としての資質が問われる内容となっている。そしてこの科目を履修するにあたって、学生は教職課程のスタートから免許申請にいたるまでの「教職履修カルテ」の作成が必要となった。この個人のカルテは教職課程でどの科目を履修し単位を修得したか、何を学び、何が自己の課題として残ったのかについて学期ごとに細かく自分自身で書きこんでいかなければならないものである。また。大学時代にどのような部活動、ボランティア活動、介護等体験を経て、どのようなことを学んだのかについても記録していくものである。様々なレポートも蓄積していく。こうして免許状取得に必要な科目の履修を始めてから、4年後期で「教職実践演習」の授業を受けるまでの間に各自で学びの記録を作成しなければならないということである。このカルテは各自が責任を持って管理しなければならないので、そんなことは面倒だという人はすでに教職には向いていないということになる。

　以下、本章では、みなさんの最終的なゴール、すなわち教職に就くということを見通した時にどのようなハードルが前途に横たわっているかについて、整理しておきたい。そして、どのようなことを本書でみなさんに伝えようとしているのか、ダイジェストで記していこう。

第3節　各章のダイジェスト―イントロダクション

　第1章「教師像の構築　大学・教職課程で学ぶということ」では、貴方が選ぼうとしている教職課程で学ぶことにいったいどのような意味があるのかについて確認する。高校段階までとは異なる自己を、様々な場面で感じているにちがいない。いうまでもなく教職は数えきれないほどの職業のなかのほんのひとつにすぎない。「教師は世間知らず」と皮肉られることも多いが、「社会に出る」ことの多様性と意味を認識してもらいたい。教職に就くということは社会に出るということだ。職業を選択し、そのために準備するということをしっかりと認識しておこう。その上で教職に就く準備としての学びを大切にしてほしい。

　第2章「職業としての教師　教師になるために、そしてなってから」では、

いよいよこれから教師になるためにどのような準備、学びが必要となるのか、そして教師になったあとに迎えることになる状況をイメージしてみる。教職に就くということは、パスポートとして「教員免許状」を取得することが不可欠である。みなさんの取得しようとしている免許状の正式な名称を下に書いてみよう。複数の免許取得を考えている人は全部書き出してみよう。

```
例：高等学校教諭一種免許状（公民）



```

　上に書いた免許状は、大学を卒業する時に大学が所在する都道府県教育委員会から授与される。大学からもらうわけではない。この教員免許状の種類や戦後大事にされてきた教員養成の原則や今後の見通しについては第2章でくわしく学ぶことになる。さらに、医者や弁護士等の専門職とは異なり、教員は免許を持っただけでは教壇に立つことができない。越えなければならないハードルが「教員採用試験」である。教壇に立つための試験が「競争」ではなく「選考」であることをしっかり理解しておくことが必要だ。そして採用、任命権者は都道府県や政令指定都市の教育委員会であることをおさえ、自分がどの都道府県や政令市の教員になろうとしているのか確認しておこう。

　第3章「教育指導の本質と意義　教職の面白さと難しさ」ではスペシャリストとしての教師であることを前提として、教職の面白さと難しさについて考える。教育とは一体どういうことなのだろうか、児童生徒に意図的に働きかけようとする活動がなぜ難しいのか、深く考えてもらいたい。みなさんがこれまで経験してきた学校における教育体験からいったん離れて、教育というものを大きな視点からみておこう。みなさんが生徒として存在した学校と、これから先教師として存在する学校は違うのだ。どんな違いなのか、教師の

やりがいとは何か、どんな時に手ごたえを感じるのか。自分がプロとして、スペシャリストとして教師という職業に就いた時を想定し、深く思考しておきたい。

　第4章「教職の歴史的特質」ではそもそも教職とは？という問いに答えてみる。日本の教職の歴史は長い。そして多くの国と比較すると教員の経済的・社会的地位が高いといわれている。他国では教員の社会的地位が低く、転職が多いのに対して、日本では明治時代から「聖職（holy profession）」といわれたことがあるように、その地位がおおむね高い。この章では近代学校教育のはじまりはどのようなものだったのか、江戸時代の寺子屋における手習いや明治期以降の立身出世の時代の特質について、教職教養のひとつとして深く学ぶ。そして戦後における多様化・多発した教育問題の整理を、学校だけにとどまらずに社会の問題として教師がどのように対峙してきたのかについて理解しよう。そして女性が選択する職業として福利厚生面の条件がそろっていると評される教職の特質といった点も知っておきたい。

　さて、ここでみなさんを受け持った担任について顔や声を思い出し、振り返ってもらいたい。以下、小学校1年から高校3年までの担任をフルネームで書き出してみよう。第4章を学んだあとに、再び立ち戻ることになる。

小1：	中1：	高1：
小2：	中2：	高2：
小3：	中3：	高3：
小4：		
小5：		
小6：		
その他、印象に残っている先生（部活の先生等）：		

　第5章「教職に関する実務　教師の一日・教師の一年」では、教師の日常を具体的に追うことによって教師の生活をイメージしたい。詳しくは5章の内容を熟読して欲しいが、ここではイントロダクションとして、教師が朝学校に来た時のことについて触れておこう。皆さんの学校の先生たちは何時に

出勤していただろう？中学校、高校では課外活動があったり朝練があったり、季節によってずいぶん違っていたにちがいない。平均すると朝8時前には出勤といったところだろうか。ただし、やっておかなくてはならない仕事（前日に終わりきらなかった残務）などがあるときには定時出勤時間の1時間とか2時間前に学校へ到着する。なお朝6時前には警備会社の人がたいてい玄関を開けてくれている。職員室に入って出勤簿に押印（いまは勤退時刻をパソコンに入力する学校が増えた）、保護者からかかってくる欠席や遅刻の電話の対応、今日の行事の確認…というように1日が始まる。朝の学校は戦場に例えられる。登校する生徒たちを校門でグータッチ迎えている人、教材準備室で学級通信や授業のプリントを印刷する人、授業で使うデバイスを点検する人、特別教室を確保する人、朝の打ち合わせ（職員朝礼、略して職朝という）に出す文書や提案事項について打ち合わせている人、朝っぱらから生徒を呼びつけている人、部活で中体連やインターハイ予選を控え、明け方から体育館やグラウンドで声を張り上げて職員朝礼の頃には汗をかいている人…。しっかりとイメージして欲しいところだ。ただし、政策課題としてあがった「教員の働き方改革」から少しずつこうしたイメージは変わってくることも予想される。

　第6章「教育の方法　多様な子どもたちの学びに向けて」では自分の体験を振り返りながら、「良い授業とは何か」をテーマに、いま、教員に求められている様々な教育方法上の姿勢をひもとく。1時間の授業での目標や、教材の配置、授業行為そのもの、評価といった4つの段階をしっかりと理解するとともに、「教育的タクト」の本来の意味を把握して欲しい。なお、本章では現場で実際に取り入れられている実践例をいくつか紹介するとともに、これからの必須の課題とされるアクティブ・ラーニングやICT機器の活用についても解説する。苦手な人はとくに熟読しよう。とくにコロナ禍を受けて教室内の学びの風景がずいぶん変化した。あわせて具体的にイメージしよう。

　第7章「教員の職務実態　授業のほかになにをする？」では授業以外の教師の仕事を整理した。生徒にとって学校・学級は、1日の大半を過ごす場所であり、学校・学級での雰囲気や人間関係が学習態度や交友などの生徒の生

活に大きく関わっていることは皆さんも体験からもわかることだろう。学級は30数人の規模で人間関係が固定化されやすく、一度摩擦が生じた場合は修復されにくい単位である。信頼関係づくりを仕掛ける立場にある教師にとって、生徒との好ましい人間関係をつくることがきわめて重要であることは言うまでもない。その他、生徒指導、進路指導も担任の大きな仕事である。今の段階ではそうした心構えとともに、現状の動向についても知っておきたい。

第8章「教職の課題　教師の悩み」では教師がどんなことに悩んでいるのかについての現状と、そこにはどのような傾向や特徴がみられるのかについてまとめている。一口に教員の悩みといっても多様である。生徒に関する悩み、対保護者の悩み、授業規律上の悩み、部活動指導の悩み…様々ありそうだ。同じことでも悩む教員もいるしまったく意に介さない教員もいる。いわゆるストレスへの耐性はひとそれぞれではあるし、今日の新任教員を対象とした研修でも「ストレス・マネジメント」は必須の領域になっている。教壇に立つ前に、こうした現状をぜひ知っておいて欲しい。

第9章「教育実習の実際　準備、実践、振り返り」では、実際に授業をするとはどういうことなのか、これまでの章で学んだことを踏まえて、「教える立場に立つ」意味を具体的に掘り下げて考えてみたい。その手掛かりとして、みなさんも中高生時代を振り返ったときにまだ覚えているだろう「教育実習生」について取り上げる。教員免許を取得するための必修要件として教育実習があることはみなさんも十分に知っているはずだ。現状、母校に教育実習に行くことが多くみられるが、これも今後できるだけ避けなければならない状況にある。実習生も、教える立場の指導教員にも卒業生であるという「甘え」が生じるからだ。教育実習に行くことを自分に与えられた権利だと思っていないだろうか。それは大きな間違いであることを、本章をとおして理解してもらいたい。あわせて、教育実習生の1日を追うことによって自身が教育実習に行った時のイメージを高めて欲しい。

終章「教職の方向性　変化の時代を生きるために」ではこれからの学校・教師に求められる様々な要件について、例えば「チーム学校」の考え方に代表される最近の状況も踏まえつつ整理している。ここで改めて「教員養成の段階にある」、すなわち教職課程で学んでいる自己を見つめ直してみよう。

〈発展学習〉

①母校の先生に、教職の大変さや楽しさについて聞いてみよう。そして大学
　４年間で自分が伸ばそうと思う資質・能力についてまとめてみよう。

②教職の専門性とは何か、それに関連する本を読み、検討してみよう。

〈読書案内〉

松岡亮二『教育格差─階層・地域・学歴』筑摩書房、2019年

　　豊富なデータや先行研究の知見に基づいて、様々な格差のリアルを紐解いている良書である。幼児教育から小中高を通して、「格差」がどのように顕在化していて、どのような特徴を持つのかを説得的に論じている。コロナ禍で浮き彫りになった「格差」について教師の卵だけでなく広く若い世代に手に取ってもらいたい。まず、冒頭のクイズに向き合い、目からウロコが落ちる感覚を持つことを勧める。

妹尾昌俊『教師と学校の失敗学─なぜ変化に対応できないのか』PHP新書、2021年

　　全国で教育課題に関するコンサルティングを手掛ける若手教育研究者が、なぜ学校が変われないのかを平易に紐解いている。コロナ禍での学校の失敗をわかりやすく解説しており、教職課程初年次生にとってもこれからの教員の立ち位置を考えるきっかけになるはずだ。

- 自分の経験がない部活の顧問になってくれと言われたらどう答えますか。
- 国際社会で活躍する生徒を育成するにはどんな教育が必要だと思いますか。
- アクティブ・ラーニングをあなたの授業ではどう取り入れますか。
- 遅刻を毎回する生徒にどのような対応をしますか。
- スマートフォンが授業中に鳴ったときどう対処しますか。
- 信頼を勝ち取るためには何が大切と思いますか。
- あなたのリラックス法を教えてください。
- 教師としての喜びややりがいは、どのような時に感じられると思いますか。
- 部活やサークル活動を通して成長したことを教えてください。
- あなたの熱意を1分間で話してください。
- 離島の勤務は可能ですか。
- 発問と指示をする際に何に気をつけますか。
- アルバイトでの一番の失敗は何ですか。

　さて、これら「定番の質問」に対してどのように答えよう。正解のない問いもあるし素早いレスポンスが求められる場合もある。こうした質問につまることなく答えるには、日頃から教育に関する様々な情報、記事、報道、答申など、ぜひアンテナを張って教育について考えておいて欲しい。その習慣が自身の教育観の形成に役立つのだ。

第1章　教師像の構築
大学・教職課程で学ぶということ

　大学で、そして、教職課程で学ぶということはどういうことなのだろうか。ここでは、社会認識を培うという観点から大学での学びをとらえ、そして、職業を選ぶということについて考える。そのうえで、教職課程で学ぶことの意味を考えていこう。

第1節　大学生と「社会」─社会認識を培うという大学での学び

　現在、高校卒業者の約80％が大学や短大、専門学校などの教育機関に進学している。そのなかでも、大学進学者は多く、高校卒業者の約55％が大学に進学し、学んでいる（図1-1参照）。

　では、大学で学ぶということはどのようなことなのだろうか。ここでは、まずそのことについて考えてみよう。

(1)「社会」が広がり、「社会」に近づいていく段階としての大学生

　大学生という時期は高校までとは大きく違う段階だ。

　大学に進学した皆さんも、様々な変化を実感していることだろう。とくに、自分と「社会」の関係は、大きく変化しているはずだ。

　まず、現実として、学生が接する「社会」は大きく広がり、そしてそれらの「社会」との距離が今までよりもずっと近くなってくる。

　例えば、この文章を読んでいる人のなかでも、すでにアルバイトをしている人、始めようと思っている人は多いだろう。高校まではアルバイトが禁止されがちだが、大学では禁止されることはないし、むしろアルバイトをすることが普通となっている。このアルバイトを通して、多くの大学生は自分と

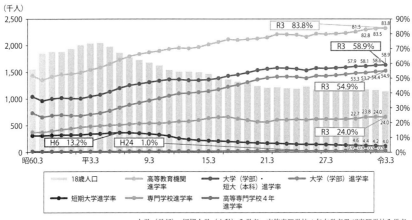

（注） 1　高等教育機関進学率 ＝ $\dfrac{\text{大学（学部）・短期大学（本科）入学者，高等専門学校4年在学者及び専門学校入学者}}{\text{18歳人口（3年前の中学校・義務教育学校卒業者及び中等教育学校前期課程修了者）}}$

　　　　2　大学（学部）進学率 ＝ $\dfrac{\text{大学（学部）の入学者}}{\text{18歳人口（3年前の中学校・義務教育学校卒業者及び中等教育学校前期課程修了者）}}$

　　　　3　短期大学・専門学校の進学率は，（注）2計算式の入学者部分にそれぞれの入学者を当てはめて算出。
　　　　　　高等専門学校4年進学率は，同部分に4年生の学生数を当てはめて算出。
　　　　4　□で囲んだ年度は，最高値である。

図1-1　高等教育機関への進学率

出典：『令和3年度学校基本調査速報』

関係する「社会」を広げることとなる。

　まず、職場には年齢や属性などにおいて多様な人が働いており、いろいろなお客さんに対して接客するアルバイトもあるだろう。こうした人々との交流によって「社会」が広がっていくはずだ。また、賃金を支払われて働くという点で、今までとは違う責任が要求されることを経験するのも、「社会」の広がりといえるだろう。それだけではない。アルバイトで受け取る賃金は、高校までのお小遣いとは額も違うし、「自分で稼いだお金」という意味も持つ。そのため、お金を使って行動できる範囲が広がり、それによって「社会」を広げることもできるようになるのである。

　もちろん、「社会」の広がりは大学のなかにおいても実感することだろう。大学には高校まででは経験できなかった多くの営みが存在するからだ。多様な学生・教員との交流や、授業や専門書による学びは「社会」を広げることだろうし、サークル活動や大学の自治活動も「社会」を広げる重要なきっか

図1-2　大学生による東北大震災ボランティア活動
出典：福岡大学学生課

けとなる。また、NPO活動やボランティア活動を始めとする様々な社会活動との接点が大学には多く存在する。これらの活動も高校生ではなかなか参加できないものだが、それらに参加するといった形で「社会」を広げていく大学生も多くいる。

(2)「社会に出る」という規範
①「社会に出る」ための準備期間としての大学生

　「社会」との関係といったとき、大学生という時期は本格的に「社会に出る」ための準備期間としても位置付けられている。

　「社会に出る」という言葉はよく使われる言葉だろう。皆さんも少なからず、「社会に出る」という意識を持っているだろうし、親や教員を始めとして周りの大人たちも大学生に対して、その期間を利用して「社会に出る」ための様々な準備をしてもらいたいと期待している。

　では、「社会に出る」とはどういう意味を持っているのだろうか？

　ここでの「社会」とは、「大人の社会」と言ってもよいだろう。つまり、大学生は「大人の社会」に本格的には出ていない存在として位置付けられ、

この「大人の社会」に入っていくため＝「大人になる」ための準備をすることを期待され、自身も少なからずそのように意識しているのである。

②「社会に出る」ことの多様性

　もう少し具体的に考えてみよう。この「社会に出る」という言葉に対して、皆さんはどのようなイメージを持つだろうか？

　まず、多くの人が考えるのは、「就職する」、「新入社員になる」といったイメージ、つまり「労働の社会」に入っていくというイメージではないだろうか。「大人は働くもの」、「経済的な自立をしてこそ大人」という「常識」や、「大学生は卒業と同時に就職するもの」という「常識」が、このイメージを強固なものにしている。アルバイトなどはしたことはあるものの、まだ本格的な労働に就いているわけではなく、それゆえ経済的な自立も果たしていない大学生。そんな皆さんに規範として求められるのが、卒業後の就職であり、そのための準備なのである。

　もちろん、「大人の社会」は「労働の社会」だけではない。成年年齢に達することにより、成人としての様々な権利を得ると同時に、責任を負うこととなる。いわば、「大人の社会」の構成員としての資格を得ることになるのであるが、そうした権利を主体的に行使できること、そのための準備がやはり大学生には規範として求められる。

　例えば、選挙権など政治に関する権利。この権利を行使することによって、人は自分が属する社会の在り方を、選挙という政治システムを通して選択、決定していくことができることになり、それによって自分たちにとって「望ましい」社会を実現していくこともできる。しかし、そのためには、自分や自分の社会にとっての「望ましさ」を思い描いたり判断したりする力がないといけないし、また、それを実現する政党や政治家を見極める力もないといけない。こうした力があってこそ、主体的な選挙権の行使といえるのであり、そのためにはやはり多くのことを学ばなければならない。

　このように大学生は、様々な意味で「社会に出る」ための準備をすることを、周囲から規範として求められているのである。

(3)「社会」と向き合うために必要なこと：とくに社会認識を培うということ

　大学生は、現実として接する「社会」が広がるということ、また、規範としても「社会に出る」ための準備をすることが求められるということを見てきた。こうしたなかで、必要になるのはどのようなことだろうか？そして、それらは大学で学べることなのだろうか？

①「社会」に入る、「社会」に適応するという観点

　例えば、あなたが「労働の社会」に入っていくことをイメージしてみてほしい。その際、必要になるのはどのようなことだと考えるだろうか？

　すでに、ある程度具体的な職業をイメージしている人は、その職業に就くために必要な資格や知識・技能を得ることをまず思い浮かべることだろう。例えば、この本を読んでいる人のように、教師という職業を想定している人にとって教員免許の取得は必須となるし、また、教師という仕事を遂行していくための様々な知識や技能を学ぶ必要がある。こうした資格や知識・技能を取得するために、進学先を絞り込んだという人も少なくないはずだ。

　また、それほど具体的ではなくても、「とりあえず、大学進学ぐらいしておかないと就職が難しい」と考えて大学進学をした人も多いだろう。ここにも、現在の「労働の社会」に入っていくためには、大学卒という学歴が必要だという状況判断がある。

　これらは、「社会」に入るため、「社会」に適応するため、という観点から必要なものである。「労働の社会」に限らずその他の社会に対しても、参入や適応のためという観点から求められるものは多くあり、それらを大学において学んだり取得したりすることは重要だ。

②「社会」の現状を把握する、「社会」を批判的に捉えるという観点

　しかし、それだけでは十分とは言えない。そもそも、自分が入ろうとする業界や会社の状況・性質をある程度認識しておかなければ、就職のために何を準備すればよいのかということ自体わからないし、そもそも選択すること自体難しい。

また、「ブラック企業」という言葉が示すように、違法に劣悪な労働を強いられる場合も多くある。そのような会社を選ばないようにするということも重要だが、そもそも劣悪な労働条件自体が問題であるという認識（労働法の知識がないと、「それが当たり前だ」と思いがちだ）や、もしそうなった場合に備えて自分を守るための方法（法律の活用や労働組合への相談など）についてある程度知識を身につけておく必要もある。

　これらは、「社会」の現状を認識するということでもあり、さらには、「社会」の現状を「当たり前」のものとはせず、批判的にとらえる認識の仕方である。これらの社会認識を培うことも、これから「社会」と向き合っていくためには必要なことである。

(4) 社会認識は大学で培うことができる！

　こうした社会認識を学び身につけるためのきっかけが大学には多くある。

　とくに、「文系」の講義の多くは「社会」を対象とするためそこから多くの知識を得ることができるし、少人数での議論を中心とするゼミでは他者の多様な認識を知り、それにより自分の認識が研磨されることも期待できる。また、学生自身による研究会に入ったり、図書館などを活用したりして、自主的な学習によって社会認識を身につけることもできるだろう。

　「それは理想であって、少なくとも私の大学の現実は違う！」という人もいるかもしれない。

　確かに、学生の問題意識や関心、社会状況のニーズに対応していない講義が多かったり、多人数授業ばかりだったり、周りの学生のやる気がなかったり、といった形で、学生が社会認識を培うことが難しい状況が多くあるのも残念ながら事実だ。

　しかし、こうした大学をめぐる現状を「当たり前」として受け入れるのではなく、批判的にとらえ、自分たちの大学での学びを良くしていくこと、こうした志向性が重要ではないだろうか。その志向を達成するためのきっかけは必ず大学にあるはずだ。

　そして、こうしたきっかけを活用して社会認識を培っていくことこそ、大学で学ぶということの中心的な意義なのである。

第2節　職業を選択し、そのために準備するということ

　ここまで、「社会に出る」準備として大学において社会認識を培うことの重要性を述べてきたが、多くの大学生にとっては、「社会に出る」中心的イメージとは、やはり何らかの職業に就く（≒「労働の社会」に入る）というものであろう。

　しかし、すでに触れたように、職業に就くためには、そもそも職業を選ぶということや、職業に就くために準備するということについて、理解しておかなければならない。それは、教師という職業を選択肢に入れているあなたたちにも当てはまることである。

　したがって、ここでは、職業を選択し、職業世界に参入していくということについて考えてみよう。

（1）選択とは？　職業とは？

①選択をするということ

　私たちは日々、「選択」という行為を行っている。何を食べるのか、何を着ていくのか、どんなテレビを観るのか、どんな音楽を聴くのか、どんな授業を受けるのか…。

　なかには、人生を決定づけるような「選択」も多々ある。例えば、進学する大学、結婚相手、そして職業などの選択は、その人の人生を大きく決定する「選択」となるだろう。そしてその積み重ねによって、人の人生は形成されていく。もちろん、今あなたが、この大学にいて教職課程をとり、この本を読んでいるというのも、多くの「選択」の積み重ねの結果である。

　この「選択」という言葉にあなたはどのようなイメージを持っているだろうか？

　自分の人生を自らが決定していくという意味で、良いイメージ・積極的なイメージを持つ人もいるだろう。他方、選択することの難しさ・怖さという意味で、消極的・不安なイメージを持つ人もいるかもしれない。

　こうしたイメージにはいずれも根拠がある。なぜなら、「選択」はその人の人生を決定していくという点で、プラスにもマイナスにもなる、非常に重

要な行為だからである。

　そして、特に、あなたたちに意識してもらいたいのが、選択とは可能性の絞り込み（選択したもの以外の排除）であるということだ。図1-3にあるように、ある選択を行うというのは、あったかもしれない他の未来を排除するということでもある。ある大学を選んだ先にある大学生活、ある職業を選んだ先にあるキャリア、あるパートナーを選んだ先にある結婚生活…。そうした未来を排除して、私たちは、大学や職業やパートナーを選び、人生を作っていく。であるからこそ、それらの選択は積極的な意味を持つものにもなれば、非常に困難で不安を伴う行為にもなるのだ。

　なお、留意しておいてほしいのが、この可能性（選択肢の幅、選択肢の射

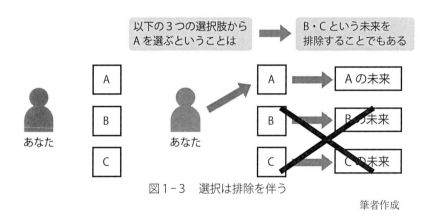

図1-3　選択は排除を伴う

筆者作成

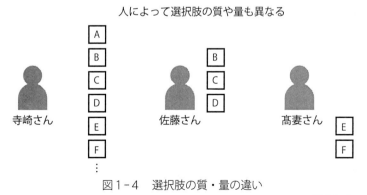

図1-4　選択肢の質・量の違い

筆者作成

程など）自体、人それぞれであるということだ（図1-4）。そして、その可能性をある程度まで広げることが、教育（とくに普通教育）の重要な役割の一つでもある。

②職業を選択するということ

　職業を選択するということは、選択という行為のなかでも特に重要な行為の一つだ。なぜなら、選んだ職業によって、その人の生活も強く規定されるからである。

　まず、収入や雇用の安定性といった経済的側面は生活の基底となり、人生設計を大きく水路づける。また、仕事の意義・やりがいといった社会的・目的的側面は、職業生活自体の充実度を大きく左右することだろう。ほかにも、仕事の厳しさやキャリア展望も含めて職業に関する諸要素が、結婚や育児、転職、転勤など様々な人生選択に関わってくる。

　ある職業を選ぶということは、その職業選択によって強く規定されていく人生を選ぶということでもあり、そしてまた、「あったかもしれない他の職業→人生」を排除することでもある。

　このように見てみると、職業選択が非常に重要な行為であることがわかるだろう。そして、この行為を納得できるものとするためには、選択に臨むための準備が不可欠となる。

（2）職業選択のために必要なこと〜職業観を構築し、必要な知識・技能等を習得する

①自分自身（主体）と、職業（キャリア）と、キャリアルートという3つの要素

　職業選択といっても、図1-4で見たように、人によって選択肢の数は異なる。職業選択に臨むにあたっては、まず、自分が選択できる職業は何かを把握する必要があるだろう。そうした作業のうえで、選択できる各職業について様々な要素を検討しながら、選択肢を絞り込んでいくというのが基本的な手順となる。

　これらの作業の際、中心となるのが、自分と職業（キャリア）とキャリア

ルートの3つの要素の照らし合わせとなる。この3つの要素について簡単に押さえておこう。

1つ目の要素は自分である。その際、自分にいかなる資源（経験、人間関係、学力、経済的資源、体力、年齢的余裕、地理的制約…）があるか、それらを整理する。また、自分の価値観やキャリアに望むこと（経済的要素、社会的要素、安定性、地元志向、やりがい…）の優先順位も整理していく。

2つ目の要素は職業である。すでにみたように、職業にも経済的側面、社会的側面をはじめ多様な要素がある。それらを整理する。

そして、3つ目の要素が職業に就くためのルートである。どうすれば、そうした職業に就くことができるのか、そもそも就くことができるのか（現実可能性）も含めた整理が必要である。

これらの3つの要素を照らし合わせることで、自分が選択できる職業を把握することができるし、ある程度、職業を具体的に絞り込むことができる。

②職業観の構築の重要性

ある程度、選択肢を絞った段階においては、職業・キャリアルートと自分の諸条件との具体的な突き合わせをしていくことになる。

そのためには、まずは職業やキャリアルートの情報収集が不可欠だ。例えば、あなたたちのように、教師という職業を選択肢にいれるならば、教師という職業がいかなるものか、そして教師という職業に就くためのルートはいかなるもので、どれぐらいなれる可能性があるのか（例えば教員採用倍率などを把握する必要があるだろう：2章参照）、そのあたりの情報を収集する必要がある。この情報収集が不十分だと、「4年間頑張って資格は取ったのに就職できる可能性がほとんどないことに呆然…」や、「教師になれたけど思っていたイメージと全く違う職業だった…」ということになりかねない。

こうして集めた情報をもとに職業理解を深める。そのうえで、職業と自分の諸条件を突き合わせていく必要がある。

例えば、「自分は教師になることができるのか？」、「教師という職業は自分にとってどういう意味をもつものなのか？」、「教師の雇用・収入条件を自分はいかにとらえるのか？」、などといった職業に関する諸点について、自

分なりの向き合い方をある程度構築していく。

　言い換えるならば、それが職業観を構築していくということであり、職業選択において非常に重要な準備作業となるのである。

③職業世界への接近、参入のために〜知識・技能の習得

　以上みてきたような作業を行いながら、職業世界に接近するため、参入するための知識や技能、必要に応じて資格などを習得していくことも必要だ。

　具体的な知識・技能の習得を通して、具体的な職業観も構築されていくし、また、職業理解が進むにつれて、自分が習得すべき知識・技能もわかるようになる。このように、職業観の構築と知識・技能の習得は循環していくのが理想的な準備の在り方となる。逆に、両者が乖離している状態、例えば、「頭の中」だけで職業観を構築することや、断片的な知識や技能を習得することは、あまり効果的な準備とは言えないだろう。

第3節　教師という職業世界への接近と大学・教職課程

　1節において大学生が社会認識を培うことの重要性を、2節においては職業選択に際しての職業理解の重要性を論じてきた。これらを踏まえるならば、大学の教職課程で学ぶということの意義は、次のようにまとめることができよう。

（1）教育、学校、教師に関する社会認識を培う

　第一に、社会認識として、教育や学校、教師をとらえていくという意義である。

　1節で論じたように、「社会」に出ていく大学生にとって社会認識を培うことは重要である。そして、教師という職業を選択肢に入れているあなたたちは、広義の社会認識と並行して、教師が関わる教育や学校という「社会」についての社会認識も培わなければならない。

　しかし、あなたたちの多くは今まで、生徒（学校教育を受ける側）として関わってきたものの、教育、学校、教師といったものについていまだ曖昧な

27

イメージしか持てていないはずだ。曖昧なイメージのみでは、主体的に教育に関わっていくことは難しい。

「社会」に出て、主体的に行為する者に求められるのは、教育等について社会科学の観点から現状を正確に把握し、その意義や課題等も含めて様々な角度からとらえることができるという力だ。例えば、学校教育とは社会の中でいかなる意義を持つ営みなのか、また教師には今後どういう役割が求められているのか、学校の組織人としての適切なふるまい方とは何か、などの点について科学的な根拠をもとに自分の考えを形成し、それに基づく適切な行動をしていかなければならない。

その基盤となる力、すなわち社会認識をつけていくこと、それが大学・教職課程で学ぶ第一の意義になるだろう。もちろんこうした学びは、狭く教職課程の授業のみでなされるものではない。大学全体の教育活動のなかで広い社会認識を培い、そのなかで教育、学校、教師等に関する認識も培っていく、そうした学びが求められる。

(2) 教師という職業に就く準備としての学び

第二に、教師という職業に就く準備という意義である。

2節で論じたように、大学生にとって職業選択の準備は非常に重要なものとなる。この観点からとらえるならば大学の教職課程とは、教師という職業を選択するかどうかを決めるための準備として、そしてまた、その職業世界に接近し参入する準備として位置づくことになる。

この本を読んでいるという時点で、あなたたちはすでに、教師という職業を選択肢の一つとして考えているはずだ。教職課程とはそうした人たちに、教師に関する様々な知見を提示することで、各自が教師という職業を選択するかどうかを決定する契機となるし、また、教師という職業に関する知識や技能を提供することで、各自がその職業世界に接近し参入していく契機ともなる。

こうした契機を活かすのはあなたたち次第となる。ぜひ、4年間にわたってそういう姿勢で教職課程に臨んでほしいと思う。

そして、この本が対象とする「教職概論」とはその教職課程全体の導入と

しての位置づけを持っている。大学において教育や教師について学んでいく
基礎的な姿勢をぜひ、この本・授業で獲得していってほしい。

〈発展学習〉

　あなたが、教師という職業を選択肢としてあげた理由を、論じてみよう。

〈読書案内〉

　そもそも、大学生になるってどういうことなのだろうか。そして、大学で
の学びを通して、教員になるってどういうことなのだろうか。そうした問い
に答えるための入門書として、鈴木学・植上一希・藤野真『大学生になるっ
てどういうこと？【第 2 版】』（大月書店）をまずお勧めしたい。大学生にな
るための「意味と方法」について具体的に書いてある本書は、大学生ルーキー
（初心者）の心得書になるだろう。また、教員になるイメージもいろいろな
本で膨らませよう。森川輝紀『中学校・高校教師になるには』（ぺりかん社）
など、いわゆる「なるには」BOOKS 系は、シリーズ・類書も多いし、いろ
いろな教師の事例が載っていて参考になる。

　「教職課程の授業は理論的なことばかりで、期待と違った」、「もっと、実際の授業で役立つようなスキルを教えてほしい」といったことを学生が言うことがある。現場の教師でさえ「教職課程で学ぶことは実際には役立たない」と言う人もいる。

　こうした言葉のもとには、教師として必要な能力は授業等で教えるテクニックが中心だという考え方があるのだろう。一方で、「教師には人間性が大切だ」といった形で、専門性を人格に帰してしまって、結局のところ、専門性についての学びをおろそかにする人もいる。

　確かに、教師に人間性は大事だろうし、授業等のテクニックももちろん大切な専門性の一つだ。そしてまた、教員採用の試験が暗記中心になっている問題もあるし、一部の教職課程の授業に問題があることも否定できない。

　とはいっても、「教職課程で学ぶことは役に立たない」という言葉に頷くことはできない。なぜなら、例えば教師という職業の専門性を人間性にのみ帰すことは絶対にできないし（「人間性だけ高い」素人が教師としてやっていいのだろうか？）、また、専門性は授業等のテクニックのみではないからだ（いくら授業のスキルが高くても、例えば、その教育の方向性自体が間違っていたら…恐ろしい）。

　この本でも、そしてこれからの大学の授業で学んでいくように、教師が携わる教育とは、社会、そしてそこで生きる人々と複雑に絡まる営みである。それゆえに、教師には広くて深い専門性が不可欠となる。

　その基礎をつくるのが、大学や教職課程での学びなのである。その学びをおろそかにして、責任ある教師として活躍することはできない。

第2章　職業としての教師
教師になるために、そしてなってから

　教師になるために必要なものは何か。多くの学生が真っ先に「教員免許」と答えるだろう。しかし、教員免許があれば、誰でも教師という仕事に就けるわけではない。公立学校で正規の教師として働くには、都道府県又は市町村の教育委員会が実施する教員採用試験に合格しなければならない。採用試験を突破すれば、晴れて教師として現場に立つことができる。しかし、それは職業としての教師のスタートラインに立っただけを意味する。一人前の教師になるには、一年目から様々な研修を受けたり、自分で勉強したりして、常に成長していかなければならない。

　このように、「教師になる」と一言で言っても、その道程は険しく厳しい。では、具体的にどのような厳しさが待ち構えているのか。本章では、特に制度的状況を踏まえながらその道程を概説する。

第1節　教師へのパスポート：教員免許・養成制度

　戦後教育改革により、教員免許・養成制度は二つの原則に支えられた制度として構築された。一つは、「相当免許状主義」であり、学校の種別（幼稚園、小学校、中学校、高等学校、特別支援学校）、そして教科別（国語、数学、理科、社会、保健体育等）にそれぞれに相当する免許状を有することが教師に求められることである。もう一つは、教員養成は大学で行われるものであり（「大学における教員養成」）、文部科学大臣の認定を受ければどの大学においても教職課程を設置できる、つまり教員養成を行うことができる（「開放制」）というものである。それぞれの原則の下、どのような制度が構築されているか、確認してみよう。

（1）教員免許状の種類

　教員免許状にかかる制度は、教育職員免許法、同施行令、そして同施行規則に規定されている。ここでは、これらの法規を基に、教員免許状の種類とその特質を概説する。

　教員免許状は、普通免許状、特別免許状、臨時免許状の三つに分類される。大学の教職課程を履修する学生が目指すのは、普通免許状である。普通免許状は、まず学校種ごとの教諭免許状、養護教諭免許状、そして栄養教諭免許状がある。学校種ごとの教諭免許状は、中学校および高等学校の場合は教科別に授与され、特別支援学校の場合は一又は二以上の特別支援領域について授与される。例えば、中学校教諭免許状（社会）、高等学校教諭免許状（地理歴史）、特別支援学校教諭免許状（視覚障害者に関する教育の領域）といった表記になる。さらに普通免許状は、学位（修士、学士、短期大学士）および修得単位数によって、専修免許状、一種免許状、二種免許状に分けられる。ただし、高等学校の場合には二種免許状は存在しない。普通免許状は、都道府県教育委員会（在籍大学の所在地）から授与されるが、全国の都道府県で利用することができる。普通免許状の有効期間はない。

　特別免許状は、1988年の教育職員免許法改正により、設置されたものである。大学における教職課程を履修していない者で、都道府県教育委員会が行う教育職員検定に合格した者に対して授与される。特別免許状には、小学校、中学校、高等学校、特別支援学校の学校種があり、中学校及び高等学校は普通免許状と同様に教科や領域ごとになるが、小学校においては国語や算数といった事項ごと、特別支援学校においては領域や自立教科ごとに授与される。特別免許状は、普通免許状と異なり、授与された都道府県内のみで有効であり、有効期間は10年とされる。近年、社会人の教員への登用という観点から、特別免許状の積極的な活用が望まれており、制度的にも授与条件の緩和（2002（平成14）年に学士号という条件は撤廃された）や対象教科の拡大といった動きが見られる。主な事例としては、国際的なビジネス現場で活躍していた者（英語）や化学分野の博士号を有している研究者（理科）といった事例がある。

　臨時免許状は、普通免許状を有する者を採用できない場合に限り、都道府

県教育委員会が実施する教育職員検定に合格した者に授与される。有効期間は３年であり、授与された都道府県内のみで有効である。臨時免許状で教壇に立つ者は、助教諭や養護助教諭となる。

　これら三つの種類の教員免許状に加え、特例特別免許状もある。これは、構造改革特別法により、いわゆる特区内の市町村において地域に根付いた教育の推進等を行う場合、市町村教育委員会が授与権者となり、授与するものである。

　このように、わが国においては学校で教えるという場合に、何かしらの教員免許が必要になる。しかし、こうした相当免許状主義の例外の規定も指摘しておきたい。まず、免許外教科担任の許可であり、ある教科の教師を採用できないと認められる場合に限り、当該学校の教諭等が一年以内の間、当該教科の免許状を有していなくとも教えることができる。また、養護教諭は、保健体育の免許を有していなくとも、保健を教えることが可能となっている。

（2）教職課程の内容

　教員免許状を取得する一般的なルートは、大学に設置された教職課程を履修することである。ここでいう教職課程とは、教員免許状取得に必要な一連の科目を提供する課程であり、文部科学大臣からの認定（課程認定）を受けたものを指す。教職課程の認定に当たっては、教育職員免許法及び同法施行規則に加え、教職課程認定基準に基づいて行われる。

　まず教員免許状取得に必要な単位数（教科及び教職に関する科目、または養護及び教職に関する科目）は、免許状の種類ごとに表２−１のように定められている。これに加え、教育職員免許法施行規則第66条の６に規定されている科目として、日本国憲法、体育、外国語コミュニケーション、情報機器の操作（それぞれ２単位）の修得が求められる。

　では、上記で示されている「教科及び教職に関する科目」の内容と単位数を確認してみよう。表２−２は、小・中・高の教員免許に必要な科目・内容・単位数を示したものである。「教科及び教科の指導法に関する科目」の中の「教科に関する専門的事項」に関して、中・高校の教員免許の場合は、一定の領域が設定されている。例えば、数学の場合は、「代数学、幾何学、解析学、「確

表2-1　教員免許状取得にかかる単位数

免許種	免許状	基礎資格	大学等において修得することを必要とする最低単位数
小学校	専修	修士	83
	一種	学士	59
	二種	短期大学士	37
中学校	専修	修士	83
	一種	学士	59
	二種	短期大学士	35
高等学校	専修	修士	83
	一種	学士	59
養護教諭	専修	修士	80
	一種	学士	56（＊大学での履修の場合）
	二種	短期大学士	42（＊短期大学での履修の場合）

出典：教育職員免許法別表第一（第五条、第五条の二関係）、別表第二（第五条関係）より筆者作成。

率論、統計学」、コンピュータ」とされており、保健体育であれば、「体育実技、「体育原理、体育心理学、体育経営管理学、体育社会学、体育史」・運動学（運動方法学を含む。）、生理学（運動生理学を含む。）、衛生学・公衆衛生学、学校保健（小児保健、精神保健、学校安全及び救急処置を含む。）」となっている。この内容を踏まえた科目が、大学における専門学部・学科等の科目の中で提供されることになる。なお、養護教諭の場合は、「教科及び教科の指導法に関する科目」に該当するものとして、「養護に関する科目」が設定されており、その他の科目については、若干求められる内容と単位数が異なる（教育職員免許法施行規則第9条）。

　これらの大学での単位に加えて、小学校もしくは中学校の普通免許状を取得するためには、特別支援学校または社会福祉施設等で、介護体験を行うことが義務付けられている（小学校及び中学校の教諭の普通免許状授与に係る教育職員免許の特例等に関する法律）。

表2-2　教科及び教職に関する科目の内容と必要単位数

科目	含めることが必要な事項	小学校			中学校			高等学校	
		専修	一種	二種	専修	一種	二種	専修	一種
教科及び教科の指導法に関する科目	教科に関する専門的事項	30	30	16	28	28	12	24	24
	各教科の指導法（情報通信技術の活用を含む。）								
教育の基礎的理解に関する科目	教育の理念並びに教育に関する歴史及び思想	10	10	6	10	10	6	10	10
	教職の意義及び教員の役割・職務内容（チーム学校運営への対応を含む。）								
	教育に関する社会的、制度的又は経営的事項（学校と地域との連携及び学校安全への対応を含む。）								
	幼児、児童及び生徒の心身の発達及び学習の過程								
	特別の支援を必要とする幼児、児童及び生徒に対する理解								
	教育課程の意義及び編成の方法（カリキュラム・マネジメントを含む。）								
道徳、総合的な学習の時間等の指導法及び生徒指導、教育相談等に関する科目	道徳の理論及び指導法	10	10	6	10	10	6	8	8
	総合的な学習の時間の指導法								
	特別活動の指導法								
	教育の方法及び技術								
	情報通信技術を活用した教育の理論及び方法								
	生徒指導の理論及び方法								
	教育相談（カウンセリングに関する基礎的な知識を含む。）の理論及び方法								
	進路指導及びキャリア教育の理論及び方法								
教育実践に関する科目	教育実習	5	5	5	5	5	5	3	3
	教職実践演習	2	2	2	2	2	2	2	2
大学が独自に設定する科目		26	2	2	28	4	4	36	12

（注）教育職員免許法施行規則第3、4、5条より筆者作成。

（3）教職課程のスケジュール

　大学生活を通して、教職課程を履修していくスケジュールを簡単に確認しよう。私立大学であるＡ大学の事例を確認すれば、教職課程の履修にかかる諸手続きは表2-3のようになっている。

　教職課程の科目履修のスケジュールは、基本的には開設される年次の科目を取得していく形となる。何年次にどの科目が提供されるのか、ということについては、大学によって異なる。例えば、「教育の基礎的理解に関する科目」および「道徳、総合的な学習の時間等の指導法及び生徒指導、教育相談等に関する科目」に関して、Ａ大学では表2-4に示す年次にそれぞれの科目が開講されている。また、「教育実習」は3年次もしくは4年次、「教職実践演習」に関しては4年次に開設されるのが一般的である。

　私立大学に在籍する多くの学生にとって、教員免許を取得するためには、

表2-3　教職課程の諸手続きスケジュール（Ａ大学の場合）

1年次	4月	教職課程説明会、教職課程科目履修登録、受講料納入
2年次	12月	介護等体験説明会
	1月	介護等体験申し込み
3年次	4月	介護等体験事前指導
	5月	教育実習説明会、申し込み
	6月	介護等体験開始
	7～9月	教育実習校への内諾依頼
4年次	5月	教育実習開始（後期の場合は、9月以降）
	9月	教員免許状申請手続き
	3月	卒業・教員免許状の取得

表2-4　「教育の基礎的理解に関する科目」および「道徳、総合的な学習の時間等の指導法及び生徒指導、教育相談等に関する科目」の開講時期（Ａ大学の場合）

1年次	教職概論、教育の原論・課程論、教育心理学
2年次	教育制度論、道徳教育論、特別支援教育論
3年次	教育相談、生徒指導論、総合的な学習の時間と特別活動論、教育方法とICTの活用

自らの所属する学部の専門科目等を履修しながら、教職課程の科目を履修していくことになる。つまり、履修単位数が増えるわけであり、教職課程を履修していない学生と比べて、学習の負担は増えるだろう。自らの卒業に必要な単位取得に向けた学習とのバランスを考えながら、教職課程の履修を進める必要がある。

　また、いわゆる資格の一つとして、教員免許を取得しようとする学生もいるかもしれないが、教師になるつもりが全くない状態で教職課程を履修することは、やめた方がいい。また、教師になるつもりはあるが、民間企業への就職を視野に入れながら教職課程を履修することは、自分の進路に向けてそれなりの負荷や影響があることを覚悟してほしい。単に就職活動時期と教育実習時期が重なるからというだけではない。1年次から教職課程に費やす時間が必要となり、民間企業への就職に向けた活動（資格試験等の勉強等）に費やす時間を確保することが難しくなる。そもそも、教員免許状が民間企業への就職において有利に働くことはほとんどない。そして、大前提としては、教職課程を履修する際には、教職に対する決意（教師になるという決意）が必要であるし、そうした思いがない中で教職課程の履修ができるほど、安易な課程を大学は提供していない。特に、第9章で述べるが、教員免許の取得だけを目的に教育実習に行くことは、現場の学校にとって多大な迷惑となる。

　最後に、「大学における教員養成」の意味は、単純に教職課程を履修することだけを意味しているわけではない。その本質的な意味は、大学全体が教員養成に責任を持つということにあり、教職課程だけで教師を養成するのではなく、大学全体で教師を養成することを意味する。そう考えると、教員養成に必要な要素は教職課程だけでなく、教養教育、専門教育といった大学の正課活動に加え、部活・サークル活動、ボランティア活動といった正課外活動も重要な要素となる。そうした多様な経験こそが、一人の人間としての幅を広げるのであり、教師としての力量を広げるのである。

第2節　教師になるためのハードル：教員採用

「教員免許状さえあれば、教師になれる」。わが国の場合、それは当てはま

らない。教職に就くための最大の難関は、教師として採用されることである。教員採用は、公立の場合は都道府県又は市町村（政令指定都市）教育委員会によって行われ、私立の場合は各学校によって行われる。その方法は、多様な人材の確保が求められていることを背景に、採用主体によって多様化している。近年、教員採用試験の競争率が全国的にも低下しており、以前ほどの狭き門ではなくなってきたが、学校種及び教科によっては、競争率が10倍を超えることもある。ここでは、こうした教員採用の実情を確認してみよう。

（1）教員採用の方法

　公立学校の教師は、地方公務員であるが、その採用は一般の地方公務員の採用とは異なる。それは、教育公務員特例法第11条に規定されているように「競争試験」ではなく、「選考」で行われることにある。選考とは、言葉の通り、「考えて選ぶ」ことを意味するが、ここで「考える」ことは応募者が教師として相応しい能力・資質を有しているかどうかということである。しかし、教師としての適性を判断することは非常に難しい作業である。それゆえに、採用主体である都道府県もしくは一部市町村の教育委員会は、多様な方法を用いて、多角的に選考を行うわけである。具体的にどのような選考の方法があるのか、代表的な選考方法を確認してみよう。

〈筆記試験〉
　基本的に、すべての都道府県・市町村教育委員会による一次試験として行われる。ほとんどの場合、この筆記試験は実質的に競争試験であり、上位のものが二次試験に進むことができる。筆記試験の結果が二次試験に利用されることもあるし、いわゆる「足切り」として利用されることもある。
　筆記試験は、一般教養、教職教養、教科専門の三つの種類に分けられる。一般教養は、計算や時事問題といった内容が出題される。教職教養では、教育に関する知識として、例えば教育思想、教育法規、教育心理といった内容が出題される。教科専門については、それぞれの教科に関する内容が出題される。都道府県・市町村教育委員会によっては、三つすべてを課すこともあれば、一般教養は課さないこともある。

〈実技試験〉

　中学校・高等学校の保健体育や音楽等、または小学校教員については、実技試験が行われる。保健体育の場合、球技や陸上、マット運動や鉄棒、さらには水泳といった実技が求められる。また音楽の場合には、ピアノ伴奏、歌唱等が行われる。さらに、中学校・高等学校の英語の場合にも実技試験が行われることがあり、英会話やリスニングが課されるところもある。

〈面接〉

　面接の場合、個別の面接と集団の面接がある。面接は、二次試験で行われることが多いが、近年では集団面接は一次試験でも行われるようになってきた。面接で問われることは、自己 PR や大学生活で身につけたことといった個人の経験に関することだけでなく、教育問題や社会問題に対する自らの見解を問われることもあり、その内容は多種多様である。面接が選考において、どういう位置づけにあるのかによって、聞かれる内容は変わってくるだろう。面接を行うのは、教育委員会職員だけでなく、校長や指導主事、さらには民間企業の人事担当者や心理カウンセラーが含まれることもある。

　その他にも、教育問題や現場での指導方法を問う小論文、一定の時間内に実際の授業を試験官の前で行う模擬授業、ある場面を想定し具体的な対応を考え行動する場面指導などがある。

　2020（令和２）年に行われた公立学校教員採用試験について、68の自治体（都道府県又は政令市教育委員会）の実態から、全国的な動向を確認してみよう（以下、文部科学省による「令和３年度（令和２年度実施）公立学校教員採用選考試験の実施方法について」の調査結果に基づく）。なお、2020年度は新型コロナウイルスの影響により、実技試験や面接試験の実施に影響が出ている点は、考慮してほしい。まず実技試験については、保健体育については中学校が57、高等学校が46となっており、英語については中学校が57、高等学校が48となっている。2020年度はすべての自治体で行われていないが、コロナ禍以前はほとんどすべての自治体で実施されている。その他、理科でも中学校で10、高等学校で５の自治体が実技試験を実施している。次に、面

接については一次試験で実施している自治体が25で、二次試験で実施しているのが65となっている。面接の方法としては、すべてにおいて個人面接が行われており、28の自治体で集団面接が行われている。また、小論文は33、模擬授業については41、場面指導については32となっており、採用方法として多くの都道府県・市町村で利用されていることが分かる。

教員採用の方法として、特別選考も実施されている。特別選考では、特定の資格（英検やTOEIC、スポーツや芸術の成果）や経歴（社会人経験者、大学院在学者・進学者等）を有する者、他の自治体での教職経験者、常勤・非常勤講師経験者、さらには前年度の試験の実績がある者（例えば、前年度の1次試験合格者）等に対して、一部試験を免除したり、加点したり、また一般の試験とは異なる枠で受験させたりしている。

一方、私立学校の教員採用は、都道府県によって異なる。多くの都道府県には、私立学校の振興等を目的とした組織・協会が存在している（例えば、福岡県私学協会や長崎県私学協会）。これらの都道府県の多くでは、まず協会による教員適性検査（筆記試験）が行われる。この検査の結果は、例えば点数順にA・B・C・Dといったランクに分けられ、全受験者の名簿が作成される。この名簿（点数だけではなく、履歴書等も含め）が当該協会に加入している私立学校に送付され、私立学校はその名簿から応募者を選び、個別に面接や模擬授業等を実施することになる。もちろん、すべて独自に採用試験を実施している私立学校もある。その場合は、一般企業と同様に求人要項等を自らチェックする必要がある。

(2) 教員採用の現実：競争率

では教員採用試験の現実を確認しよう。まずは、2020（令和2）年度に実施された公立学校教員採用試験の結果から、全国的な動向を確認しておこう（以下、文部科学省による「令和3年度（令和2年度実施）公立学校教員採用選考試験の実施状況について」の調査結果に基づく）。全国の競争率の状況をみると、小学校は2.6倍、中学校は4.4倍、高等学校は6.6倍、養護教諭は7.0倍となっている。その推移を確認すると、小学校は1979（昭和54）年度の調査以降、過去最低の競争率となっており、その低下傾向に歯止めがかかって

いない。中学校の場合も、競争率は年々下がっており、2011（平成23）年では7.7倍であった。高等学校の場合も低下傾向にあるが、下がり方は緩やかである。また養護教諭に関しては、過去10年間を見ても、6－8倍の間で推移している。ただし、これはあくまでも全国の数字であり、都道府県・政令市別、さらには教科別にみると、状況は必ずしも同様ではない。例えば、中学校の競争率が最も高い沖縄県では13.7倍であるのに対して、最も低い新潟県では2.3倍となっている。

　次に、全国の採用者（教員採用試験を合格し、採用された者）の動向を確認してみよう。学歴別にその特徴を確認すると以下の表2－5のようになる。表は、採用された人数と、全体に占める割合を表している。この表からわかることは、一般大学出身者の割合の高さである。教員の多くは、国立教員養成大学・学部出身者が多いというイメージを持っているかもしれないが、現実は異なっている。中学校および高等学校の教員採用者については、6割以上が一般大学出身である。これは、一般大学、特に私立大学における教員養成の意義・重要性を示すものであり、開放制という原則により国立教員養成大学・学部出身者だけではない、多様な人材が教員として採用されていることを意味している。

　また、新卒者、つまり大学4年次（もしくは大学院）で教員採用試験に合格し、教員として採用された者と、既卒者の割合をみると、小学校では新卒者の47.3％に対して既卒者が52.7％、中学校では新卒者の32.9％に対して既卒

表2－5　学歴別教員採用者数と割合

	小学校	中学校	高等学校
国立教員養成大学・学部出身者	5,128 (31.2%)	2,326 (23.1%)	621 (15.7%)
一般大学（私立大学と上記以外の国立大学）	10,091 (61.7%)	6,639 (66.1%)	2,572 (65.0%)
短期大学等	482 (2.9%)	153 (1.5%)	22 (0.6%)
大学院	739 (4.5%)	31 (10.1%)	741 (18.7%)

（注）文部科学省「令和3年度（令和2年度実施）公立学校教員採用選考試験の実施状況について」
（https://www.mext.go.jp/a_menu/shotou/senkou/1416039_00005.html、2022/9/3）より筆者作成。

者が67.1%、高等学校では新卒者の29.6%に対して既卒者が70.4%、養護教諭では新卒者の30.6%に対して既卒者が69.4%となっている。新卒で教員に採用されることが非常に難しい現状を表している数字である。

　中学校および高等学校の教員採用の状況は、教科ごとに分類すると、さらに複雑になる。ここでは、2021（令和3）年度に行われた福岡県教員採用試験のデータを確認してみよう。まず小学校の競争率（総受験者数／最終合格者数）は1.4倍である。中学校の競争率は主要教科ごとに見ると、国語：1.7倍、社会：3.6倍、数学：3.2倍、理科：2.6倍、保健体育：5.0倍、英語：1.9倍となっている。高等学校の主要教科の競争率は、国語：7.1倍、地理歴史（歴史）：13.4倍、地理歴史（地理）：4.0倍、公民：12.0倍、数学：27.6倍、物理：10.3倍、化学：12.5倍、生物：10.4倍、保健体育：13.5倍、英語：5.1倍、情報：3.8倍、工業：2.5倍、商業：6.4倍となっている。また養護教諭は、5.9倍である。全体的な傾向をつかむなら、中学校に比べ、高等学校の方が競争率が高いことや、保健体育の競争率も他教科に比べて相対的に高いことなどが理解できよう。このように、全国平均といった情報だけを理解しているだけでは、教員採用試験に対応できない。自分が受験しようとしている自治体、そして教科にかかる情報をきちんと把握しなければ、実情は見えてこない。

　一定の競争率が確保されている中では、新卒で教員採用試験に合格する保証はどこにもない。では合格できなかった場合、新卒者にはどのような進路があるのか。一般的なのは、臨時採用の常勤講師、または非常勤講師として勤めるものでる。もちろんこれらの職は、契約期間が定められており、採用試験に合格した正規教員と待遇面での差は生じる。常勤講師の場合は、産休や病欠の教員の代わりで現場に立つことになるため、契約期間が半年や1年だけという場合が多い。非常勤講師に至っては、福利厚生等の待遇（共済保険等）は適用されず、授業だけを行うことがほとんどであるため、授業のない夏休み等は収入が途絶える。多くの非常勤講師は、かけ持ちをしながら、時には他のアルバイトをしながら生計を立てるのが現実である。もちろん、常勤講師や非常勤講師として働きながら、次年度の教員採用試験を受験し、合格することを目指さなければならない。多くの自治体では、こうした常勤講師・非常勤講師の経験年数を教員採用試験において考慮しているが、それ

は採用を保証するものではない。こうした厳しい状況ゆえに、何年もの間、常勤講師・非常勤講師として働く人も少なくない。もちろん、何年も常勤講師・非常勤講師の経験をしたからといって、教員採用試験に合格する保証は何一つない。

第3節　成長が求められる教師：研修

　教員研修は、地方公務員の研修と比べるとその特徴が端的にわかる。地方公務員法では、研修の目的は「勤務能率」のためとされているのに対し、教育公務員特例法では「職責を遂行する」ためとなっている。勤務能率とは、仕事の効率性を意味し、効率性を上げるために研修を行う。教師の場合、「職責」という教職の社会的責任、それは次の世代に生きる子どもたちへの教育という使命を果たすために、研修が必要不可欠となる。こうした研修の重要性は、教育基本法でも明記されており、公立学校の教師だけでなく、私立学校の教師にとっても、研修は自己を成長させる重要な機会とされている。

　では、どのような研修の機会があるのだろうか（以下、公立の教員に限定）。図2-1は、国レベルもしくは都道府県・市町村レベルでの研修の体系図である。国レベルの研修は、「教職員支援機構」が実施するものであり、ほとんどの場合、自治体から派遣される形で研修を受けることになる。都道府県・市町村レベルでの研修は、それぞれの教育委員会が実施主体となる。以下、まずは、すべての教師にとって義務となる法定研修の具体的内実を確認しておこう。法定研修には、1年目の教師（常勤・非常勤は除く）を対象にした初任者研修と中堅レベルの教師を対象にした中堅教諭等資質向上研修がある。

　初任者研修は、1988（昭和63）年に制度化されたものであり、採用された日から1年間、日常の業務を遂行しながら学校の内外で研修を受けるものである。校外研修では、教育センター等において実施される講義やセミナー等を年間25日以上受けることが求められている。対して校内研修については、校内指導教員が付く形になり、週10時間以上、年間300時間以上の研修を受けることになる。2003（平成15）年度からは初任者研修に専念する教員を配置する拠点校方式が実施されている（図2-2を参照）。拠点校方式では、初

任者4人に1人の割合で初任者研修に専念する教員（拠点校指導教員）が配置され、校内指導教員とともに、校内研修に携わることになる。こうした手厚い初任者研修の体制を整えることで、経験が足りない初任者の実務を支援することができるわけである。

　中堅教諭等資質向上研修は、従来存在していた「10年経験者研修」に代わっ

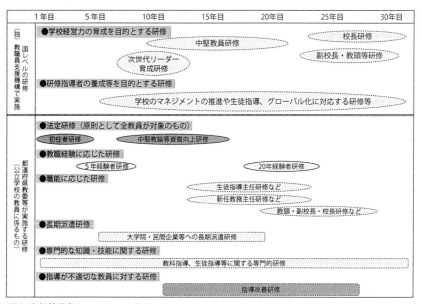

（注）文部科学省ホームページ（https://www.mext.go.jp/a_menu/shotou/kenshu/__icsFiles/afieldfile/2019/10/29/1244827_001.pdf、2022/09/03）より。

図2-1　研修体系

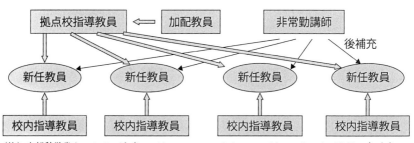

（注）文部科学省ホームページ（http://www.mext.go.jp/a_menu/shotou/kenshu/016.htm）より。

図2-2　拠点校方式の仕組み

て、2017（平成29）年度から実施されている。その方法等は、各自治体によって異なる。以下、福岡県の小・中・義務教育学校・特別支援学校教員を対象にした中堅教諭等資質向上研修の内容を確認してみよう（福岡県教育委員会「平成31（2019）年度基本研修計画書」）。対象となるのは、6-12年目の教師であり、その目的としては授業改善だけではなく、危機管理や保護者・地域との連携といった事項に関する研修を受けることで、専門性を高めて主体的に組織運営に関わる資質・能力を養うこととされている。具体的な日数としては、校内研修として、4日間の授業研修（準備2日、研究授業1日、振り返り1日）を年2回、報告書作成で2日、それと課題別選択研修を受けることになっている。校外研修としては、福岡県教育センターで4日間の研修を受ける。研修内容は多岐にわたっており、授業づくり、学校運営、ストレスマネジメント、不祥事防止、人権教育といった様々な事項が含まれている。

　これらの法定研修に加え、教師には様々な研修の機会が用意されている（図2-1を参照）。またそうした研修を受ける機会も保証されており、職務命令として受ける研修はもちろんのこと、授業に支障が出ない限り校長の許可を得て校外の研修を受けたり（職務専念義務の免除による研修）、勤務時間外に自主的に研修を受けたりできる。また、研修を提供する主体も、国、都道府県、市町村、さらには教師間のサークルや研究団体と、非常に多様である。また、わが国の研修の特徴の一つである校内研修も重要な研修の場である。同僚教員の授業観察や研究授業の実施、そして授業の批評会といった機会は、現場で学ぶことができる貴重な場である。こうした様々な機会をうまく活用して、自らの教師としての力量を高めていくことが重要である。

第4節　教師としての行動：服務義務

　上述した研修制度にみられるように、教師になってからも「学び続ける」ことが教師として存在する上で、重要なことである。一方で、教師として教壇に立つにあたって、守らなければならないこともある。それが、服務義務と呼ばれるものである。公立学校の教師は地方公務員であり、地方公務員の服務義務を守る必要がある。とはいえ、他の一般の地方公務員とは異なり、

教育という業務を担当する「教育公務員」でもある。そのため、一般の地方公務員の服務義務とは異なる義務を守らなければならない。以下、その内容について、概説していこう。なお、私立学校や国立学校（国立大学法人が設置する学校）の教師の場合は地方公務員ではないので、以下の事項は該当しないが、それぞれの学校が規定している就業規則の内容はほとんど地方公務員の服務義務と重複している。

　地方公務員としての服務義務は地方公務員法、教育公務員としての服務義務は教育公務員特例法に規定されている。ここでは、地方公務員法第31条から38条に沿いながら、8つの服務義務を確認していこう。

　まず一つめが、服務の宣誓の義務である。これは、すべての公務員が任用される際に宣誓することを求めるものである。例えば、福岡市職員の場合は、「私は、ここに、国民の意思によって制定された日本国憲法及び法律を擁護し、命令、条例及び規則を尊重することを固く誓います。私は、市民全体の奉仕者として公務を民主的かつ能率的に運営すべき責務を深く自覚し、誠実かつ公正に職務を執行することを固く誓います。」と書かれた書面に、上司の前で署名することが求められている（福岡市職員の服務の宣誓に関する条例第3条）。

　二つめは、法令等及び上司の職務上の命令に従う義務である。仕事をする上で、様々な法令や規則を守ること、そして上司の職務上の命令には忠実に従うことが求められている。学校現場の場合、一般教師にとっての上司とは、教育委員会、校長および教頭等が該当する。

　三つめは、職務に専念する義務である。これは、勤務時間中については、職務に専念することを求めているものである。例えば、勤務時間中に仕事とは関係のないこと（例えば、仕事とは関係のないウェブサイトを閲覧する、スマートフォンで友人と仕事とは関係のない用事で連絡を取り合う等）をすることが許されていない。

　以上の三つは、服務義務の中でも「職務上の義務」と言われているものである。すなわち、職務に従事しているときに守らなければならない義務であり、いわゆる仕事が終わった後のプライベートの時間では守る必要がない。対して、以下の五つの服務義務は「身分上の義務」と呼ばれるものである。

職務上の義務とは反対に、仕事が終わった後も守らなければならない義務である。

　一つめは、信用失墜行為の禁止である。これは、地方公務員という職の信用を傷つけたり、不名誉となるような行為を行ったりすることを禁止しているものである。教師の場合、その職務の特殊性から、特に厳しく守ることが求められる。例えば、交通事故や飲酒運転等の道路交通法違反、ハラスメント行為等が挙げられる。

　二つめは、秘密を守る義務である。職務を通して知った秘密情報については、漏らしてはならないとされている。教師の場合、秘密となる情報としては、生徒の個人情報がある。例えば、生徒の住所や生年月日、家族構成はもちろんのこと、生徒の成績や内申書の内容等もすべて秘密となる。また、この秘密を守る義務だけは、他の身分上の義務とは異なり、仕事を辞めた後も守らなければならない。

　三つめは、政治的行為の制限である。地方公務員は、全体の奉仕者として、政党や政治団体の結成に関与したり、その団体の役員になったり、団体の勧誘活動をしたりすることが禁じられている。また、選挙の際に特定の政党を支持（反対）するような政治的行為をすることは制限されている。この点、教育公務員の場合は、地方公務員ではなく国家公務員と同じ立場とみなされ、より厳しく制限されている点には注意が必要である。

　四つめは、争議行為等の禁止である。争議行為とは、いわゆるストライキである。全体の奉仕者という立場から禁止されており、教師も同様である。

　五つめは、営利企業への従事等の制限である。地方公務員は、許可を得なければ、報酬を得るような他の仕事をすることは許されない。この点、教師の場合は教育に関する他の職に従事することが可能となっている。ただし、教育委員会の許可が必要であり、教師の仕事に支障が出ないことが条件となっている。

　以上、教師の服務義務を確認してきたが、これらの義務に違反すると懲戒処分がなされる。その程度によっては、免職すなわちクビを言い渡される。服務義務の内容をきちんと理解した上で、職務に臨むことが教師としても大前提となる。

〈発展学習〉

①自分が受験を希望する都道府県の教員採用試験の内容を調べてみよう。また、競争率も確認してみよう。

②都道府県ごとにどのような研修体系が構築されているかを調べてみよう。

〈読書案内〉

月刊誌『教職課程』協同出版

　教員採用試験に関する最新の情報を掲載している月刊誌である。教員採用試験対策として、全国の教員採用試験問題の出題傾向、その出題傾向に沿った予想問題、重要キーワードの具体的解説などが掲載されている。教員採用試験に向けた勉強の方法がわからない、といった場合でも、合格した学生のインタビューなども掲載されており、参考になる。

コラム　教員養成の高度化に向けて：大学院での学び

　教員免許を取得するためには、大学を卒業する必要がある。つまり、教員養成は学部段階で行われているわけだが、さらに学びを深めるために卒業後そのまま大学院に進学する学生も少なくない。教員を目指す学生が進学する大学院としては、大きく二つが考えられる。

　一つは、教職大学院である。教職大学院とは、より高度な専門性を備えた教員の養成を目指し、2008（平成20）年4月から設置されている専門職大学院である。2022年4月現在、全国で54校（国立47校、私立7校）の教職大学院が存在している。その目的は、大学を卒業した学生を対象にした新人教員の育成（教員養成）と、現職教員を対象とした中核的教員（スクールリーダー）の育成（現職教育）にある。教職大学院での学びでは、「理論と実践の融合」に力点が置かれており、長期間にわたる実習に加え、事例研究や授業観察、フィールドワークといった教育内容が中心となる。また豊富な現場経験を有する「実務家教員」も指導に当たる体制となっている。2年間の教職大学院を修了することによって、教職修士（専門職）という修士号、また専修免許状の取得が可能になる。また、第2章でも指摘したように、教員採用試験において「教職大学院修了予定者特別選考」を行っている自治体もあり、一次試験の免除等の措置が取られる。

　もう一つが、一般の大学院（修士課程）であり、大きく二つの選択肢が考えられる。一つは教育系の大学院である。教育方法や生徒指導等に関する理論的・実践的研究だけでなく、教育哲学や歴史、教育政策、さらには社会教育や生涯学習といった学校教育に限らない幅広い教育学を学ぶことができる。多角的に教育を捉えることで、複雑化する学校現場や社会に対する視野を広げることができるだろう。もう一つは、各教科の内容に直結した大学院も挙げられる。例えば、理科教員の場合は理学研究科や、国語教員の場合は文学研究科といったように、それぞれの学問を学ぶ大学院である。教科内容に関わる学問を深く学ぶことは、単に知識を身につけるだけではなく、教材研究の幅を広げることにつながるだろう。これらの2年間の大学院（修士課程）を修了すると、分野に関する修士号（例えば、修士（教育学）や修士（理学）等）を取得でき、大学院によっては専修免許状の取得が可能になる。

　大学院への進学は、教員に採用されるまでの期間が延びる、ということで敬遠する学生も多いかもしれない。しかし、多くの自治体では教職大学院または一般の大学院入学前に教員採用試験に合格、もしくは大学院1年次に教員採用試験に合格した場合、正式な採用を2年または1年延長できるようになっている。具体的に、2020（令和2）年度の採用試験で、延長を認めている自治体（採

用自治体は全国で68）は、62自治体と非常に多い（教職大学院のみとしている自治体は8）。また、教職大学院修了者には採用後の初任者研修を一部免除する自治体も増えており、多方面での優遇措置が取られ始めている。今後、教員に修士号の取得が求められていくことが推測される中、教職大学院や一般の大学院を大学卒業後の一つの進路として考えることもできよう。

第3章　教育指導の本質と意義
教職の面白さと難しさ

　教師とは教育のスペシャリスト（専門家）である。

　この定義に大きな異論はないだろう。しかし、教師がその専門性を有するとされる「教育」とはなんだろうか？

　「先生が生徒に対して教科の内容を伝えること」、「子供が自立できるように支援すること」、「立場が上の人間が、立場が下の人に対して、知識や技能を伝えること」など、いろいろなイメージが浮かぶだろう。これらのイメージは決して間違いではないが、かといって、こうしたイメージだけで教育という営みが包括できるわけでもない。

　ここでは、少し深くこの「教育」という言葉と向き合ってみよう。それによって、教師という職業の面白さや難しさも見えてくるはずだ。

第1節　教育とは？―教育の定義

　「教育とは？」について、いろいろなとらえ方がある。

　なかでも、「人の学びや成長につながる営みはすべて教育だ」というとらえ方を目にすることは少なくない。これはこれで無視しえないものではあるが（「無意図的な教育」と言われることもある）、このとらえ方では結局のところ、「教育」の範囲が莫大に広がってしまう。もう少し限定する必要がある。

　そこで注目したいのが、宮原誠一という教育学者によってなされた教育の定義である。見てみよう。

　「形成が自然成長的な過程であるのにたいして、教育は目的意識的な過程である。人間が人間の形成のために、目的的に努力するということが教育の

本質である。」（宮原誠一「宮原誠一教育論集第一巻」国土社、1976年、14頁）

　この定義を少し言い換えるならば、こういうことになる。

　まず、人は図3−1のように、「自然成長的」に学び・成長している。何か
を見たり、聞いたり、体を動かしたり、考えたり…。そうした行為によって、
人は、常に変化し続けている。こうした行為を宮原は「形成」と呼ぶのであ
るが、なじみのある言葉に言い換えるならば、学び・成長という言葉でとら
えてもいいだろう。宮原は人は他者からの働きかけ（その一部が「教育」で
ある）がなくても学び成長していると、まず論じているのである。

　そして、こうしたある人の学びや成長に対して、他の人が「目的意識的」
に関わっていく作業、それこそが教育の本質であると、宮原は言っている。
この点に関して、よりシンプルな定義を広田照幸は行っている。

「教育とは、誰かが意図的に、他者の学習を組織化しようとすることである」
（広田照幸『ヒューマニティーズ教育学』岩波書店、2009年、9頁）

　図3−2のように、ある人の学習や成長の在り方を、他者が、その目的や

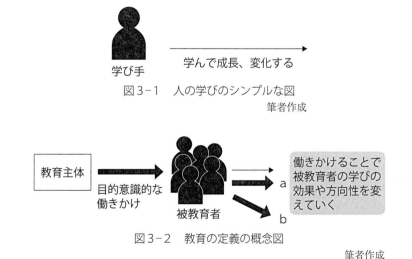

図3−1　人の学びのシンプルな図

筆者作成

図3−2　教育の定義の概念図

筆者作成

意図に沿う形で、変えていこうとして様々に努力する営み、それこそが教育という営みだと、ここではまずとらえておこう。

　多くの人は、学びと教育をセットにしてとらえがちだ。確かに、教育という営みと学びは強く結びついているのは事実であるが、しかしここでは、「教育」と「学び」は原理的には別物であるということを押さえてほしい。学びを行う主体と、教育を行う主体は違う存在であり、学びは教育がなくてもなされる行為である。そして、教育とは、そうした学びを行う人に対して、他者が意図的に関わっていく行為なのである。

第2節　教育における価値志向性という難点

　このように教育を定義してみると教育の奥深さ・難しさが見えてくる。

　本章ではそのなかでも中心となる二つの難しさについて見ていこう。第一の難しさは教育において価値志向性が存在するという点に関わるものである。

（1）教育における「望ましさ」の存在

　先の教育の定義をもう一度見てみよう。

　「教育とは、誰かが意図的に、他者の学習を組織化しようとすることである」（下線部筆者）とある。

　ここで注目してほしいのは、下線を引いた「誰かが意図的に」という部分だ。これは、教育という営みには、教育主体の意図性が必ず存在するということを意味している。言いかえるならば、教育には、教育主体が持つ「望ましさ」や目的が反映されているということだ。

　例えば、多くの親が子供の将来像を描いて教育を行っているが、そこには必ず、「こうなってほしい」（例：「女らしく育ってほしい」、「職業的に自立できるようになってほしい」）といった「望ましさ」が投影されている。そして、それに沿う形で教育（例：「良妻賢母」の教育、職業教育）が実施されるのである。

　こうした点について、先に紹介した宮原誠一は以下のように述べている。

「人間の形成の過程を望ましい方向に向かって統禦しようとする人間の努力が、教育の本質にほかならない、ということは、教育とは本質的に立場あるいは傾向をもつものだということを意味する。望ましい方向とはなにか。『望ましい』というからには、一定の立場あるいは傾向が予想されなければならない。」（下線部筆者）（前掲、宮原、16頁）

　教育についての誤解でしばしば見受けられるのが、「絶対的・普遍的な正しさ・望ましさというものがあり、それに基づいて教育はなされている」という類のものだ。上記の宮原はそうした見方を退ける。宮原が論じるように、教育の場面に存在するのはあくまでも個々の場面での教育主体にとっての「望ましさ」であって、普遍的な望ましさではないと考えるのが妥当であろう。教育という営みには必然的に教育主体の価値観や立場が投影されているのである。

（2）学校教育における「望ましさ」の存在

　そして、このような「望ましさ」は当然のことながら学校教育にも存在する。

　あなたたちのなかには、学校教育でなされる教育は「（普遍的で）正しいものだ」とか、教師が言うことは「信じるべきだ」ととらえている人が多くいるかもしれない。そしてまた、将来、教師になった際には「正しいことを教えなければならない」と思っている人も多いだろう。そうした思いはもちろん否定されるべきものではないし、多くの学校や教師が教育に真摯な姿勢で向き合っていることも事実である。

　しかし、やはり確認しなければならないのは、そうした「正しさ」も限定的なものであるということであり、教育主体の「望ましさ」が投影されているということである。

　例えば、授業のなかで当たり前のように使われる教科書について考えてみよう。教科書に書かれていることは、普遍的で正しいことだと言えるだろうか。少し考えてみると、反例はいくつでも思いつく。

　例えば…

　日本で用いられる「国語」の教科書は、外国において通用する普遍的な知なのだろうか？

　現在の教科書に書かれている知は、50年後、100年後においても通用する知だろうか？

　学習指導要領がたびたび改訂されているのはどうしてだろうか？

　教科書の検定や採択をめぐって様々な議論や裁判がなされてきたのはどうしてだろうか？

（3）「望ましさ」と向き合い模索するという難点

　このように、教育には必ず「望ましさ」が存在する。それゆえに、この「望ましさ」について自覚したり、検討・反省したりすること、それが教育に対峙する者にとって非常に重要で、難しい作業となるのである。宮原は先の定義に続いて、以下のように論じている。

　「教育は、選択をする。教育は、その目的について、材料について、方法について、手段について、つねにこれを採り、あれをしりぞける。（中略）それゆえに、一定の価値観、立場、またいいかえれば傾向をもつということが、教育の本質なのであって、傾向を持たない教育というのは存在しない。しばしば教育が傾向をもたないと考えられるのは、その教育が、その社会において傾向とは自覚されないほどに支配的な傾向に仕えているからである。」（前掲、宮原、16-17頁）

　そもそも、学校教育があまりにも日常的な行為であり、確立したシステムであるがゆえに、私たちはその「正しさ」を疑う機会をほとんど持たない。しかし、見てきたように、学校教育自体、ある「望ましさ」に沿って行われる行為である。

　この点を自覚したとき、注意すべきことが見えてくる。すなわちそれは、その「望ましさ」が本当に、教師となるあなたにとっての「望ましさ」なのか、また、あなたが向き合う生徒にとっての「望ましさ」なのか、という点である。

教育に従事したり教育をとらえたりする際には、まず、この教育の価値志向性（の存在）を押さえなければならない。そして、そのうえで、個々の場面に応じての「望ましさ」を、各自がそれぞれの立場（教育主体、学習主体、政策立案者、有権者…）から、模索していく必要がある。

　教育が、「望ましさ」の多様性・多重性の渦中にあるということこそが、教育を行うことの難しさ（面白さや可能性も含む）なのである。

第3節 他者に働きかける営みゆえの不確実性

（1）他者の学習を組織化するという点での難しさ

　第二の難しさは、教育が他者に働きかける行為であることから生じる不確実性である。

　先の教育の定義をもう一度見てみよう。

　「教育とは、誰かが意図的に、他者の学習を組織化しようとすることである」（下線部筆者）とある。

　ここで注目してほしいのは、下線を引いた「他者の学習を組織化しようとする」という部分だ。この箇所がまず示すのが、教育という営みには教育主体以外に重要なアクター（登場人物）が存在するということである。そして、教育主体とは異なる存在（他者）であるそのアクターに働きかけ、2節で検討したような「望ましさ」に基づいて、教育主体はその他者の学びや成長の在り方を変えていこうとすることが、教育という営みであることを示している。

　ここでのポイントは、教育主体にとって被教育者は、他者であるということだ。教育の第二の難しさの原因はここにある。

　広田照幸はこの点について端的に述べている。

　「他者に対する働きかけだという点で、教育という営みには根本的な不確実さが存在している。（中略）教育者の意図の通りに他者が学んでくれるとはかぎらない、ということである。」（前掲、広田、64頁）

　もう一度、図3-2を見てほしい。図3-2のような形で、教育主体の意図通りに被教育者が学び・成長すること、それが、教育主体にとって理想的な教育の形であろう。しかし、それはあくまで理想であって、現実的にはなかなかうまくいかない。なぜなら、広田が言うように、「教育者の意図の通りに他者が学んでくれるとはかぎらない」からである。

　以下、この難しさについて、三つのポイントに絞って具体的に見ていこう。

（2）被教育者が教育主体の働きかけを拒絶したりやり過ごしたりする

　まず、第一に、被教育者はそもそも教育主体の側の働きかけを受け入れない可能性がある（図3-3）

　例えば、授業中、居眠りをしたり他のことをしたりする生徒は少なくない。また、仮に真面目に授業を受けているふりをしていても、頭の中では全く別のことを考えている生徒もいるだろう。これは、「教育者の意図の通りに他者が学んでくれる」という状態ではない。

　そもそも、学校教育において、生徒は教師の意図やそれに沿って構成される教育内容に対して、必ずしも興味関心を持っているわけではないし、学ぶ必要性を感じているとも限らない。それゆえに、生徒は授業がつまらなければ、それをやりすごすことができる。

　この点を理解するならば、まず、生徒の興味関心や学習必要性を喚起させる、そのような工夫・取り組みが教育実践上、不可欠となってくることがわかる。

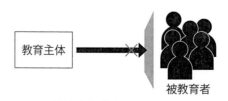

教育主体　　　　　　　被教育者

図3-3　被教育者が働きかけを受け入れない
筆者作成

（3）教育主体の意図とは異なる形で学んでしまうことがある

　第二に教育を受ける側は、教育する側が意図するものとはまったく異なるものを学んでしまう可能性もある。図3-4のように、教師の側がある方向に向けて生徒の理解を促したいとしても、彼らがそれとは違う方向に理解をしてしまうということである。

　例えば、九州の高校における歴史の授業の場面。教師が邪馬台国の説明をしている。

　「邪馬台国の場所については、近畿地方説と九州地方説があります。しかし、いまだ明確に決着はついていません。」

　ここで、教師は「邪馬台国の場所についていまだわかってない」という認識を生徒にもたらすことを目的として話している。しかし、生徒の何人かは、九州に暮らす自分の関心から教師の発言の前半に注目し、「邪馬台国は九州にあったはず」という認識を強く持ってしまう…。このような教師と生徒のすれ違いは日常茶飯事である。

　このように、いくら教える側が意図的に教育を行っても、実際に学びを行うのは学習主体である以上、彼らの学習を完全にコントロールすることはできない。それゆえに、生徒たちが教師の意図とは異なる形で学んでしまう可能性は大いにあるのである。

（4）同じ働きかけをしても、被教育者の状態によって、異なる結果が生じてしまう

　第三に、教育の働きかけは、相手によって、まったく異なる結果が生じてしまうということである。

図3-4　被教育者により、結果が異なる

筆者作成

　例えば、教師があるクラスで行った授業が成功したとしよう。しかし、同じ形で授業を行ったとしても、クラスが違えば成功しえないというケースは普通にある。

　褒めたり叱ったりする行為でも、例えば、教師と生徒の関係性によってその効果は異なってくるだろう。一定の信頼関係が培われている関係においては厳しい叱りがある効果を生む場合があるが、逆に信頼関係がほとんどない関係の場合、そうした指導は逆効果しか生まない…。こんな経験をあなたたちもしているのではないだろうか。

　被教育者の状況は被教育者によって異なるし、被教育者と教育主体の関係性もそれぞれ異なるものである。ゆえに、いくら同じ授業や指導を行ったとしても、誰に対して、どのような関係性のもとでなされているのかで、まったく異なる結果が生じうるのである。

（5）試行錯誤の積み重ねの重要性

　このように、教育が他者の学習を組織化するという行為である以上、その行為のなかには多くの不確実性が存在する。そして、この不確実性ゆえに教育という行為を成功させることは難しい。「どんなに誠実でスキルをもった教師でも、よく失敗する」（前掲、広田、68頁）のはそのためである。

　だからこそ、教育という行為に臨む者は、教育という営みに内在する様々な不確実性の存在をまず自覚しなければならない。そして、その不確実性の性質や構造を把握し、それに対応するスキルをつけていかなければならない。

　もちろん、その過程でも失敗は頻繁に起こりうる。しかし、その失敗から何を学び、次にいかに活かすのか、そうした試行錯誤を意識的に積み重ねていくことで失敗のリスクを減らしていくことこそ、教師に求められる姿勢であろう。こうした志向性をもって、他者の学習を組織化していくための専門性を身に付けていかなければならない。

第4節　教育の専門家としての教師

　以上のように教育の性質をとらえたとき、教育に携わる教師の専門性のポ

イントも見えてくるだろう。大きく二点に整理しよう。

（1）学校における教育の「望ましさ」を判断しうる能力

　第一は、教育における価値志向性、「望ましさ」を見定め、自ら設定するという専門性である。簡単に言い換えるならば、学校で生徒に対して何をどのように教育するのがいいのか、しっかりと判断できるという能力である。

　2節で見たように、教育とはある価値志向性のもとで、目的、制度、内容、方法等が定められ、実施されるものである。したがって、学校という場において、生徒たちに対して教育を実施する教師にまず求められるのは、自身が行う教育がどのような「望ましさ」に基づいているのかを客観視できるということだろう。自分が行っている教育が誰のための何のためのものなのか、学校教育の専門家として常に認識していなければならない。そのうえで、「望ましさ」が生徒たちにとって「望ましい」ものなのかどうかを判断し、さらには「望ましさ」に問題性があるならばそれを改善していく。そのような能力が求められよう。

　そのためには、学校教育の諸要素（教育政策、教育内容、教材、学校の現状、生徒や教師の状況…）について把握するのはもちろんのこと、生徒が参入していく社会の現状や今後のありようについても、認識する力が必要となる。こうした社会認識を基盤として教師の専門性は構成される。

（2）学びを組織化する専門性

　第二は、生徒の学びを組織化していくという専門性である。（1）でみた「望ましい」方向に向かって生徒の学びや成長を促していく、それを成功させるためのスキルが教師には求められる。

　教師と生徒は他者である。だから、いくら教師が生徒のためになると考えていても、そうした学び・成長を促す教育を生徒が受け入れるとは限らないし、教師が考えるような学び・成長がなされるとも限らない。であるからこそ、少しでも教育が成功するような教育技術を、教育の専門家である教師は持たなければならない。6章の授業に関するスキルや7章にもあるような生徒指導や進路指導等に関するスキル、そしてまた、教育に携わる専門スタッ

フや地域人材と協力するスキル等を用いて、教師は生徒の学びを組織化するのである。

　それこそ教育のスペシャリストとしての教師の姿であり、その困難さを専門性で克服していくことにスペシャリストとしてのやりがいがあるのだ。

〈発展学習〉

①教育には一定の価値観が反映されているということの具体例をあげて、論じてみよう。

②教育主体にとって被教育者は他者であるということからくる難しさについて、具体例をあげて論じてみよう。

〈読書案内〉

　教育とはそもそも何か。こうした問いを深めるためには教育学の学習が役に立つ。本文でも紹介した広田照幸『ヒューマニティーズ教育学』(岩波書店)は、教育学の入門書としてお勧めだ。本書には様々な参考文献も載っているので、それらにもチャレンジしてほしい。また、教育における「望ましさ」について、実践的に考えるための良書として内田良『教育という病』(光文社)も読んでおきたい。本書は、「善きもの」「子どものため」という理由で、結果として子どもや教師を苦しめる「教育リスク」が広がっている問題を、「巨大化する組体操」「部活における体罰・事故」などの具体的事例をもとに論じている。

コラム　教師のやりがい

「教師のやりがいはなんですか？」

　こうした質問をすると、様々な答えが返ってくる。「授業が成功したとき」、「生徒に対して指導がうまくいったとき」、「監督している部が活躍したとき」…。

　3章でみたように、教育には様々な難しさがある。そうした難しさを具体的に克服することができたとき、やりがいを感じるのであろう。とくに、生徒が変化していく姿を目の当たりにするとやりがいを感じやすい。

　他方、もっと長いスパンでやりがいをとらえている人もいる。たとえばある高校教師は次のように話してくれた。

　「卒業してから数年たって、高校にふらーっとやってきて、最近の様子を話したり、相談をしたりしに来る生徒が多くいます。なかには、10年以上たってからいきなり、近況についての手紙をくれたりする生徒がいます。そうしたことがとてもうれしいんです。何かの機会に私のことを思い出してくれたということですし、わざわざ私に対して話をしようかって思ってくれたということですから。それは、たぶんですけど、高校時代における私と彼らの関係の作り方だったり、伝えた内容だったりが、種のような形で彼らにとってプラスの意味で残っているからだと思うんです。そういう種をたくさん蒔いていく仕事が教育だって、最近は感じるんですね。なかなかすぐ芽はでないし、目には見えにくいものなんですけどね。でも、そういうなかなか成果がでないけど、人間の基礎をつくるような働きかけが大事だと思ってますし、だからその反応が返ってくるととてもうれしいんです。」

　教育の成果は、形として目に見えやすいものもあればそうでないものもある。また、短期的に成果がでやすいものもあれば、長期的なスパンのものもある。そうした様々な成果を感じられるところに、教師のやりがいがあるといえるだろう。

第4章　教職の歴史的特質

　昭和時代に卒業式でよく歌われていた定番ソングといえば、『仰げば尊し』である。近年は、文語体の歌詞がわかりにくいので避けられ、歌われることが少なくなった。あまり聞かれなくなった『仰げば尊し』だが、その「仰げば尊し　我が師の恩」という歌詞にあるような、尊敬され、感謝される教師の姿が教職を志す者にとって一つの目標になっていることは、昔も今も変わりがないだろう。本章では、教職について歴史的な経緯からその特質をみていく。

第1節　近代学校教育のはじまり－立身出世の時代の到来

　図4-1は江戸時代の寺子屋の様子、図4-2は明治10年頃の小学校の様子である。江戸時代と明治時代とでは、どんな点が異なっているだろう。
　江戸時代の寺子屋では、教室のなかで各自がバラバラの方向を向き、先生は子供に個別指導を行っている。子供達の年齢層は様々で、子供も先生も皆、

図4-1　江戸時代の寺子屋
（左：渡辺崋山「一掃百態」／右：浮世絵加賀藩儀式風俗）

図4-2　明治時代の小学校（「小学入門教授図解」）

畳の上に座っている。それに対して明治時代の小学校では、先生が椅子に座った子供達の前に立ち、子供達は先生の方を向いて行儀良く座っている。教材として用いられているのは掛け図といい、教科書が行きわたらなかった時代に教科書代わりに用いられたものだ。図からみてとれるように、子供の教育の様子は江戸時代から明治時代にかけて、大きく様変わりした。どのように変わったのかをみていこう。

　江戸時代の特色は厳しい身分制が確立されていたことにある。特に武士と庶民（町人・百姓）は大きく分けられており、教育についても武士と庶民とではまったく異なっていた。武士は藩校に通い、社会の支配層にふさわしい儒学（朱子学）を習った。一方、庶民は寺子屋に通った。商業活動が活発化していくなかで、たとえ庶民の子であっても読み書きそろばんを身に付ける必要に迫られていたからだ。図4-1にあるように、寺子屋では手習いといわれる個人教授形式の授業が行われていた。子供達はそれぞれの家職にみあう文書をつくる力や、それらを読み書きできる力、そろばんで加減乗除できる力といった基本的な能力を身に付けた。武士と庶民という身分に応じて、さらに庶民のなかでもそれぞれの家職に応じて、「身分相応」の教育を受けていたのが江戸時代の教育の特徴だといえる。

　明治時代、職業選択の自由や居住の自由が宣言され、「身分相応」の時代から、「実力相応」の時代へと変わった。江戸時代は身分社会なので、身分を超えた欲望をもつことは望ましくないこととされていた。しかし、「五箇条の御誓文」(1867年) や「學事奨勵ニ關スル被仰出書」(1872年) によって、身分によらず、また男女に関わらず、誰もが教育を受けるという近代教育の基本理念が示された。それだけではなく、誰もが教育によって身を立てることが奨励されるようになった。福沢諭吉の『学問のすゝめ』は新しい「実力相応」の時代のなかでの立身出世を促した本で、当時のベストセラーである。また、冒頭で述べた『仰げば尊し』の2番には「身を立て　名をあげ　やよ励めよ」とある。身分に関わらず教育を受け、それによる「実力相応」の立身出世を志向することは望ましいことになったのだ。

　誰もが教育によって身を立てることを望む時代の到来は、学校教育の重要性を人々に強く認識させると同時に、新しい時代の象徴として学校の先生という職業を誕生させることになった。

第2節 学校の先生という職業

　学校の先生、すなわち教師と呼ばれる職業が誕生したのは明治時代だ。江戸時代の寺子屋の先生は先生ではなく「お師匠様」とよばれ、師匠には読み書きそろばんができれば誰でもなることができた。実際、庄屋や名主、僧侶、神官、医者、浪人等、様々な身分の者がいたことが分かっている。速修 (入門料) や謝儀 (授業料) が比較的低額だったため、彼らの多くは副業として寺子屋を経営していた。なかには寺子に家業や家事を手伝わせたりする師匠もいたが、一般的には体罰や説教を行い、雷師匠といわれる厳格な師匠が多かったとされている (花井信他『学校と教師の歴史』川島書店、1979年)。

　「学制」(1872年) によって、学校の先生には教員を養成するための専門的な教育機関である師範学校をでた人がなると定められた。1908年の学校系統図をよくみてみよう (図4-3)。学校系統図は制度改正によって幾度も変化しているのだが、義務教育の尋常小学校を終えたあとに、高等小学校、高等女学校、中学校等、複雑に分化した中等教育機関に進学する構造は共通して

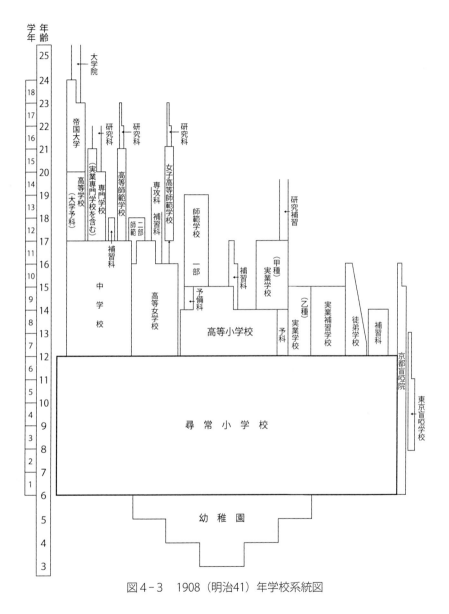

図4-3　1908（明治41）年学校系統図

いる。

　当時、帝国大学に進学するためには中学校を出て、高等学校に進学しなけ
ればならなかった。中学校や高等学校への進学には、高い学力と学費を負担

できるだけの経済力が必要だったことが分かっている。高等学校の受験倍率
は1900年ごろには2倍以上になり、1910年ごろには5倍前後に上昇した。教
育社会学者の竹内洋によれば、入学試験の準備期間を特有の意味や定義が付
与された「受験生」として過ごすようになったのは、ちょうどその頃のこと
だ（竹内洋『立身出世主義（増補版）』世界思想社、2005年）。厳しい受験競
争を突破して高等学校に入学した学生は、当該年齢人口男子のわずか100人
から200人に1人で、「学歴貴族」として特権的な社会的地位を築いていた。

　一方、師範学校は、授業料が無償である代わりに卒業後に教師になるとい
う服務義務を課せられた中等教育機関だった。授業料が無償だということは、
中学校や高等学校に進学できるだけの経済力がない層にとって、師範学校が
教育によって身を立てる唯一の希望だったことを意味する。師範学校を出た
正教員は慢性的に不足していたので、師範学校を卒業して数年すれば、すぐ
に校長や主席訓導になることができた。師範学校は、中学校から高等学校、
帝国大学という正系の学歴エリートに対して、そこに行くことが困難な若者
達の傍系の立身出世機関として、社会のなかに位置づいていたのである。

　師範学校は、正系と傍系という立身出世ルートの違いだけではなく、学校
文化も大きく異なっていた。高等学校での教育が教養主義的であるのとは対
照的に、師範学校での教育が軍隊式で、暗記を重視するものだったことは、
教師の質に大きな影響を与えた要因として述べておかなければならない。彼
らの学識の低さや権威主義的な態度等、その特徴的な気質は今日、「師範型」
教師と否定的に評価されている。

　とはいえ教師は、子供達が最初に出会う学歴エリート、勉強によって身を
立てた生きた見本であったことは間違いない。家が貧しくても、次三男でも、
勉強ができれば「学校の先生」になれるという希望は、誰もが教育によって
身を立てることができる「実力相応」の時代の到来を実感させ、学校制度に
対する人々の期待と信頼を高めることになった。

　また、大正期から昭和初期にかけて、わが子を教育しようとする強い意志
をもつ「教育家族」が登場したことも、教師の専門的知識や職業的権威、学
校制度に対する社会からの期待や信頼を強化した。「教育家族」の多くは、
都市に住む、豊かで教養のある専門職、官吏、俸給生活者だったとされてい

る。彼らは学校における「よい生徒」と家庭における「よい子」を同一視し、子供の生活や環境のすべてを教育的な意図のもとに編成しようとする強い意志を持っていた。「親たちが、学校の教育の仕方の細かな内容について関心を持ち、さまざまな要求を学校に対して突きつけるようになる（広田照幸『日本人のしつけは衰退したか』講談社現代新書、1999年、72頁）」という現代につながる事態は、既にこの頃、学校と家庭の関係のなかに芽生えていたのである。

第3節 戦後の教師

　第二次世界大戦後の教育制度改革によって、学校系統図は大きく変化した（図4-4）。小学校6年と中学校3年のあわせて9年が義務教育とされ、高等学校3年、大学4年と、学校系統の単線化が図られた。同時に、教員養成制度も大きく変わった。戦前の師範学校は中等教育機関として位置付けられていたが、戦後は高等教育を通じて教員養成が行われるべきとされた。しかも教育学部や教育大学のように教員養成を目的とする機関だけではなく、国公私立すべての大学と学部に教員養成の道が開かれた。これを「開放制の原則」という（第2章参照）。専門教育だけではなく、教養教育をも行う高等教育を通じて教員養成が行われるようになったことで、正系に対して傍系と位置付けられ、見識の低さや視野の狭さが批判されてきた戦前の教員養成制度と、それによって醸されてきた教員文化は一新された。また、高等教育を通じて質の高い教員を大量に養成することで、学校教育全体の質の向上が目指された。現在、教師として働く者の多くは、教員養成を目的とする機関ではなく、教員養成課程を置く私立大学の卒業者である。

（1）教育問題の発生と教師の役割

　戦後、教師が向き合うことになったのは、都市と農村の格差に代表される、様々な階層間の格差だった。1950年前後の日本社会は、ごくごくわずかな特権的な層を除くと、子供にできるだけよい教育を受けさせ、高い社会的地位に就かせようとする層と、教育よりも労働を重視する親のもとで古くからの

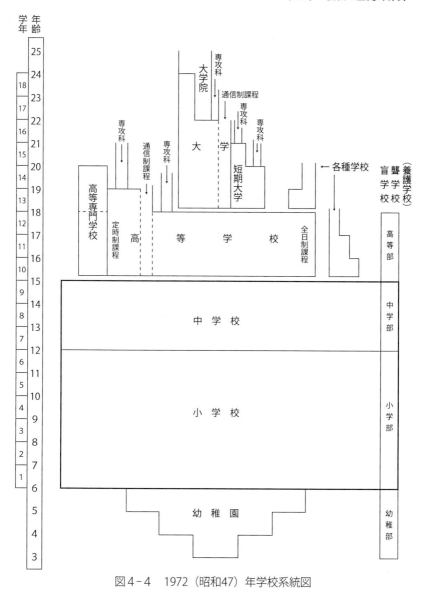

図4-4　1972（昭和47）年学校系統図

封建的な親子関係を営む層とに別れていた。前者に日々向き合う教師は、成
績が悪かったことで叱られたために家出をした少年、受験に失敗して自殺を
した青年の問題に取り組むことが課題になった。一方後者に向き合う教師

は、貧困生活のなかで教育を受けたいと望む子供と、勉強よりも家業等の労働に従わせようとする親の葛藤の解決が課題となった。

　1960年代の急激な経済成長によって、高校教育を受けた者と受けていない者との職場での処遇の差異が顕著になるにつれ、進学を好ましいと思う層は広がりをみせたが、当然のことながら経済的事情によって進学が困難な層との格差もまた広がった。教育社会学者の本田由紀は、1963年に大ヒットした「高校三年生」という曲の歌詞に出てくる「クラス仲間」や「フォークダンス」という言葉が、労働から解放され、友情や恋愛、勉学やレジャーを謳歌することができる「青春」の場としての高校生活を象徴していたと指摘している（本田由紀『若者と仕事』東京大学出版会、2005年）。そういった「青春」へのアクセスを左右していたのが、出身家庭の経済事情や、居住地域の遅れた封建意識だった。この時期、無着成恭の『山びこ学校』等、停滞した農村をいかに民主化し、近代化するかという課題に関する多くの教育実践がなされている。

(2) 学校のなかの問題と教師

　図4-5に示したのは就学率・進学率の推移だ。戦後一貫して高校への進学率は上昇を続け、1970年代に90％に突入する。高校はもはや準義務教育機関になったといっても過言ではない。このように進学率が上昇し、高校教育が準義務化した時代は、言い換えれば、誰もが学校教育の重要性を認識し、学歴をめぐる競争に参加するようになった時代だということができる。教師が向き合うのは、農村と都市の格差や貧困といった学校の外側の問題から、受験勉強、落ちこぼれ、非行といった学校の内側の問題に変わっていった。

　前に見たように、日本の学校制度は戦後、単線化が図られた。確かに中学校までは個々の学校間や学区間に大きな格差はみられない。しかし、高校では学力によって振り分けられ、子供達の間に大きな垣根ができる。アメリカの文化人類学者トーマス・ローレンは1970年代に日本の高校で参与観察を行い、高校受験が日本の子供達にとって重大な転機になっており、そこで生じた序列と相互隔離の体験は、その後の人生でほぼ取り返すことができない格差を生みだすと指摘した（T. P. Rohlen、*Japan's High Schools*、University

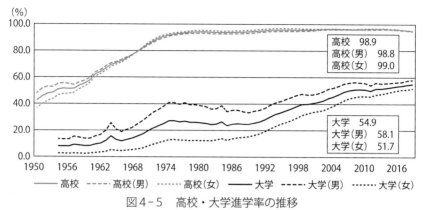

図4-5　高校・大学進学率の推移

文部科学省『学校基本調査』年次統計より筆者作成

高等学校等への進学率：中学校・義務教育学校卒業者及び中等教育学校前期課程修了者のうち、高等学校、中等教育学校後期課程及び特別支援学校高等部の本科・別科並びに高等専門学校に進学した者（就職進学した者を含み、過年度中卒者等は含まない。）の占める比率。

of California Press、1983年）。ローレンは、競争とその結果に応じて入学する高校が決まるという厳しい現実が、小学校高学年から既に子供達の生活に影を落としていると述べている。

　このような仕組みのなかで、中学校での学校生活は成績と試験が中心的テーマになり、高校受験を迎える頃には、すべての生徒が成績による序列をはっきりと意識するようになっていった。当時の人気歌謡曲である尾崎豊の「15の夜」、チェッカーズの「ギザギザハートの子守唄」には、15歳という年齢がキーワードとして登場する。また、テレビドラマ『３年Ｂ組金八先生』は、受験一色に染まった中学校を舞台に、勝負のかかった15歳で妊娠した優等生に向き合ったり（第１シリーズ「十五歳の母」1979年）、落ちこぼれた生徒は決して「腐ったみかん」なんかではないと熱弁をふるったり（第２シリーズ「腐ったみかんの方程式」1980年）して、多くの人の共感を得た。もちろん、高校の事情も変わらない。大学受験をめぐって「四当五落」（睡眠時間が４時間なら合格するが、５時間寝ると落ちる）という言葉がまことしやかにささやかれ、「金属バット殺人事件」等、有名大学受験の失敗を理由とする家庭内暴力事件が発生した。

あたかも受験の成功が人生の成功で、受験の失敗が人生の失敗であるかのような雰囲気のなか、教師はできるだけよい進学先に子供を送り出すことを求められていた。当時、教師は理解のない大人を代表する存在で、学校は子供を管理し強制的に支配する装置だという認識が社会的に形成され、共有されていたのである。

(3) 現代の教師

　このような教師像が大きく変わり始めるのが1980年代だ。少年マンガ、少女マンガに描かれた教師像を分析した山田浩之は、1980年代以降の変化を次のように指摘している。まず少女マンガでは、1970年代までは憧れの職業としての教師を描くものが多かったが、1980年代以降は少女達の将来の夢ではなく、日常的な学園生活がテーマとして頻繁に描かれるようになった。このことは、女性の高学歴化と職業世界への進出が進み、教師が少女にとって憧れの職業ではなくなったことを意味する。同時に、教師は楽しい学園生活を過ごすためのアイテムであって、それを阻害するものであってはならないという教師の学校内での役割変化も意味している。

　一方、少年マンガでは1960年代、1970年代の熱血スポーツマンガには登場しなかった指導者としての教師が、80年代以降になると登場するようになった。ただし、80年代以降に登場した指導者としての教師は、暴力事件を起こした等の暗い過去や、管理主義的指導を否定する逸脱性という点で他の教師とは区別されている。つまり、教師と生徒との距離を縮めるのは教師の専門的知識や職業的権威ではなく、俺らの側により近いという共感だということがわかる（山田浩之『マンガが語る教師像』昭和堂、2004年）。1990年代末にコミック誌に連載され、テレビドラマ化された『GTO』、2000年代始めに同じくコミック誌の連載からテレビドラマ化された『ごくせん』は、いずれも、伝統的な教師像とは異なる不良文化を持った教師の姿を描いて人気を集めた。教師はもはや理解のない大人を代表する存在ではない。今の学生には、尾崎豊の「15の夜」に示された大人や学校への強い抵抗感を理解できない者が多いだろう。

　そして、『鈴木先生』（武富健治、2013年映画化）や『暗殺教室』（松井優征、

2015年映画化）等、学校や教師を素材にしたマンガは、今もなお人気を集めている。また、学校を舞台にしたミステリー小説『告白』（湊かなえ、2010年映画化）は250万部以上を売り上げた。果たして、現在人気を集めるこれらのマンガや小説には、どのような教師像や教師に対する社会的期待が描かれているだろうか。みてきたように、教職に向けられる人々の社会的期待、求められる教師像は、その時々の社会的背景によって大きく異なっている。現在の教師にはどのような資質と能力が必要かを理解するためには、現在の社会がどういう社会なのかを正しく理解する力が必要なのだ。

　最後に、1932年に制作された小津安二郎の無声映画、『大人の見る繪本　生れてはみたけれど』を紹介しておこう。この映画には東京郊外の町に越してきた会社員とその子供の兄弟が登場する。兄弟にとって会社員の父親は憧れの対象だ。父親に一生懸命勉強して偉くなるんだぞと言われれば、できるだけその期待に応えたいと思う。ところが、ふとしたことから、父親が会社の上司に頭があがらないことを知って大ショックを受ける。会社の上司に頭をさげている父親は本当に偉いのか。部下になるために一生懸命勉強するなんておかしいじゃないか。兄弟から投げつけられる質問に父親は上手に答えることができない。だったら僕達はもう勉強なんかしない。学校にも行かない。そう言って泣きながら眠った兄弟の寝顔を見ながら、父親はこれからの子供達はこの問題から逃れることはできないとつぶやく。

　高校や大学への進学率が上昇し、学校に行くのは偉くなるためではなく、他の人よりも低い地位に下降しないためであるとすら言われている。勉強するための強い動機はないけれど、だからといって勉強しないわけにはいかない社会で、今、求められている教職の在り方、教師像とはいったいどのようなものだろうか。部下になるために、誰かにこき使われるために一生懸命勉強するなんておかしいじゃないか。なぜ勉強しなくちゃいけないのか。なぜ学校に行かなきゃいけないのか。現在の教師は、映画の父親よりも難しい問題に直面している。

〈発展学習〉
①地域にある藩校を調べてみよう。

②これから必要とされる教師はどんな教師だろうか。アニメやドラマ等から
　具体的な例をあげて、自分自身の言葉でまとめてみよう。

〈読書案内〉
小熊英二『日本社会のしくみ』講談社現代新書、2019年
　本書は、雇用や教育、福祉、政党、地域社会、そして私たちの生き方まで
をも規定している「慣習の束」を「日本社会のしくみ」として捉え、それら
がどんな歴史的経緯を経て成立したのかを考察したものである。日本での生
き方は企業のシステムのなかで生きる「大企業型」と、自営業や農林水産業
など、地域のなかで生きる「地元型」、そのどちらでもない「残余型」の3
つに類型化できる。大学で学ぶ皆さんはこの3類型のうち、「大企業型」の
生き方がもっとも多いと思うだろう。しかし、小熊によると、その割合は
26％でもっとも少ない。この驚きを入り口に、「大企業型」、「地元型」、「残
余型」の3類型を比較しながら、様々な「日本社会のしくみ」を解いていく。
分厚い新書で、SNSに慣れた人は情報量の多さに圧倒されるかもしれないが、
ぜひ一読してほしい。
広田照幸『学校はなぜ退屈でなぜ大切なのか』ちくまプリマー新書、2022年
　教育や学校について、“「学校の勉強」と「世の中での経験」、どちらが重要？”
とか、“「平等（差別なく等しく扱う）」と「卓越（優れたものを尊重する）」
とどっちを追求すべき？”というように、二者択一を迫る問いをあげ、二つ
の事柄の違いやつながりを論じるかたちで各章が展開されている。学校の勉
強は「退屈」だけど「大切」なのはなぜか、感覚的には理解していても言語
化しようとするとどうしていいかわからなかったことが、比較的平易なこと
ばで鮮やかに説明されていくので、頭のなかが揉みほぐされるような気持ち
になる。多くは教師として一度は悩む問いであり、自らの考えを整理するこ
とに役立つ。

コラム　女性教師

　女性教師の歴史は勉強と女性の歴史といってもよい。戦前、女子教育は妻や母になるための準備教育と位置付けられ、勉強して身を立てるのは男性で、女性はそれを支えるのが役割とされていた。ゆえに師範学校への入学にあたっては、「女子師範に学ぶような娘を育てたということは、祖先に対して誠に申し訳がない」と考える親や親族の反対を乗り越えなければならなかった。勉強をして身を立てるしかないなんて、女として可哀想だという考えが一般的だったからだ。もちろん実態としての女性教師は優れた教育実践を行い、女教師会を組織して女性教師の労働条件改善を図り、男女の差別撤廃を求めた社会運動の担い手として大きな役割を果たしてきた。

　「職業婦人」として戦前から確固たる地位を築いてきた女性教師は、現代でも、男女差別が少なく、産前産後休業や育児休業を利用しやすいという理由で、女性が希望する職業の1つになっている。しかし女性教師比率をみてみれば、学校種別によって大きな差があることは一目瞭然だ（下図）。「女・子供の相手は女がするのがよい」「高度な勉強は女には向かない」という戦前からの偏見がいまだに根強いことがうかがえる。

　教師自身の成長をテーマにした物語の多くは男性教師を主人公とし、女性教師は憧れのマドンナとして登場するのみだ。数少ない女性教師の成長を扱った物語として『二十四の瞳』（壺井栄）と『兎の眼』（灰谷健次郎）をあげよう。特に『二十四の瞳』は戦前の女性教師を描いた作品で、映画にもなった名作だ。ぜひ読んでみよう。

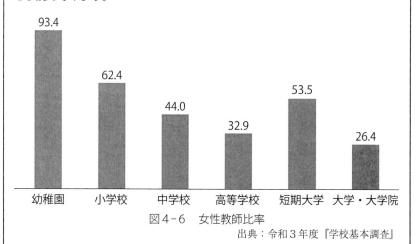

図4-6　女性教師比率
出典：令和3年度『学校基本調査』

第5章　教職に関する実務
教師の一日・教師の一年

　教師の仕事を思い浮かべて下さいというと、学校生活に関するこれまでの
自分自身の経験のなかで出会った先生について考える人が多いだろう。部活
動で指導してくれた先生、おもしろい授業をしてくれた先生、熱心に相談に
のってくれた先生の思い出をもとに、部活動の指導をしたり、授業をしたり、
悩みの相談にのったりすることが教師の仕事だと考える。私達は、児童・生
徒と一緒にいるときの先生の姿について具体的に思い浮かべることができる
が、児童・生徒と一緒にいないときの先生の様子については、実はよく知ら
ない。教わる側の立場からみた教師の仕事はイメージできても、学校という
組織のなかで働いている教師の具体的な働き方についてはほとんど想像した
ことがないのだ。

　学校の先生は生徒と一緒にいないときには何をしているのだろう。先生は
どういう働き方をしていて、どんなふうにキャリアを形成するのだろう。本
章では、教師の仕事を具体的にみることによって、学校という組織のなかで
教師がどのような役割を与えられているかを理解する。

第1節　教師の一日、一年

　小学生や中学生のときを思い出してみよう。朝、8時過ぎに登校すると、
校門にはもう先生が立っていて、大きな声でおはようと挨拶をしていた。8
時半になると出席簿を持った先生が教室に入ってきて、出席の確認や一日の
連絡事項を伝えた。理科の時間には、このあいだ受けたテストが返却された
し、国語の時間に集められたノートには、赤いペンで一人ずつ違うコメント
が記入されて戻ってきた。給食の時間、先生は私達と同じものを一緒に食べ

たし、掃除の時間も一緒に掃除をしていた。帰りのショートホームルームの時間には、今度行われる三者面談についてのプリントと学級通信が配布された。私たちは特別な活動がなければ3時半には学校を出て家に帰り、友達と遊んだり、習い事をしたりしたが、夜、ふと学校の方を見ると、職員室にはまだ電気がついていた。先生はまだ学校にいるようだった。いったい先生は何時に学校に来て、何時に帰宅するのだろう。

(1) 教師の仕事時間

　OECD が行った国際教員指導環境調査 The OECD Teaching and Learning International Survey（TALIS）の2018年調査によって、日本の中学校で働く教師の週あたりの仕事時間の平均が56時間で、48の参加国・地域のなかでもっとも長いことが判明した（表5-1）。参加国平均は38.3時間であり、日本はずば抜けて労働時間が長いといえる。

　教師が授業以外の時間、どんな仕事をしているのか、もう少し具体的にみてみよう。文部科学省が実施した「公立小学校・中学校等教員勤務実態調査研究（以下教員勤務実態調査)」では、教師の業務は表5-2のように細かく分けられている。これに照らすと、朝、登校したときに校門で挨拶をする仕事は「f　生徒指導（集団)」という業務になる。理科のテストの採点やノートのチェックとコメント記入のような仕事は「e　成績処理」に該当し、学級通信の作成は「k　学年・学級経営」という業務である。授業をしたり、部活動の指導をしたりする以外にも、教師の仕事にはたくさんの種類があるということが分かるだろう（授業以外の教師の仕事については第7章参照）。

　教師の出退勤は一般的に報告や点呼、目視などで管理職が行ったり、校務支援システムなど ICT を活用して時刻を登録したりしている。「教員勤務実態調査」によれば、教師の「一日当たりの勤務時間（持ち帰り含む)」平均は、小学校で11時間45分、中学校で11時間52分である。仕事時間は、働く場所（中学校＞小学校)、性別（男性＞女性)、年齢（30歳以下＞31歳以上)、子供の有無（6歳未満の子供あり＞なし）などの条件によって、少しずつ異なっていることが明らかになっている。いずれにしても、教師が長い時間、学校にいることは間違いない。

表5-1　教員の仕事時間（平均）

		仕事時間の合計*1	指導(授業)	学校内外で個人で行う授業の計画や準備	学校内での同僚との共同作業や話し合い	児童生徒の課題の採点や添削	児童生徒に対する教育相談（進路指導、インターネットによるカウンセリング等）
中学校	日本	**56.0**	18.0	**8.5**	**3.6**	4.4	2.3
	参加48か国平均	38.3	20.3	6.8	2.8	4.5	2.4
小学校	日本	**54.4**	23.0	**8.6**	**4.1**	4.9	1.3

		学校運営業務への参画	一般的な事務業務（教員として行う連絡業務、書類作成その他）	職能開発活動	保護者との連絡や連携	課外活動の指導（放課後のスポーツ活動や文化活動）	その他の業務
中学校	日本	**2.9**	**5.6**	0.6	1.2	**7.5**	2.8
	参加48か国平均	1.6	2.7	**2.0**	1.6	1.9	2.1
小学校	日本	**3.2**	**5.2**	0.7	1.2	0.6	2.0

＊1　「あなたの学校で求められている仕事に、合計でおよそ何時間従事しましたか。指導（授業）、授業準備、採点、他の教員との共同作業、職員会議や職能開発への参加、その他の仕事に費やした時間を含みます。」と尋ねた値。各項目ごとの総計ではない。

＊2　**太字**は日本と参加48か国平均とを比較したときに統計的に有意に高い値を示す（執筆者加工）
出典：「我が国の教員の現状と課題—TALIS2018結果より」文部科学省

(2) 学校の一年

　日本では、学校の一年は4月の始業式から始まり、3月の修了式でひとくくりとなる。覚えているだろうか。誰と一緒のクラスになるのか、ドキドキしながら迎えた新学期。担任をする教師もまた、ドキドキしている。上手に学級開きを行って、生徒たちがよく学び、よく遊び、充実した学校生活を送るための基盤となる学級を作り上げなければならないからだ。そして、たくさんの学校行事や定期考査に加え、進学・就職のための指導や資格試験の準備など、学校の一年は慌ただしく過ぎてゆく。学校のなかには、授業時間の確保や、半年という長いスパンで子どもの成長を見守ることを目的として二学期制を取り入れる学校もでてきている。

　さて、一学期を無事に過ごし、期待に満ちた夏休みがやってきた。夏休み

表5-2　教師の業務

生徒の指導に関わる業務	a	朝の業務	朝打合せ、朝学習・朝読書の指導、朝礼、出欠確認など
	b	授業	正規の授業時間に行われる授業、試験監督など（補助的役割も含む）
	c	授業準備	指導案作成、教材研究・教材作成、体験学習の準備など
	d	学習指導	正規の授業時間外に行われる学習指導、質問や宿題への対応など
	e	成績処理	試験問題作成、採点、提出物の確認、通知表記入、指導要録作成など
	f	生徒指導（集団）	給食・栄養指導、清掃指導、登下校指導、全校集会、避難訓練など
	g	生徒指導（個別）	個別の面談、進路指導・相談、カウンセリング、課題を抱えた生徒の支援など
	h	部活動・クラブ活動	授業に含まれない部活動の指導、対外試合引率など
	i	児童会・生徒会指導	生徒会指導、委員会の指導など
	j	学校行事	修学旅行、遠足、入学式、卒業式、始業式、行事の準備など
	k	学年・学級経営	ホームルーム、学年・学級通信作成、教室環境整理など
学校の運営にかかわる業務	l	学校経営	校務分掌にかかわる業務、初任者・教育実習生などの指導、日直など
	m	会議・打合せ	職員会議、学年会、教科会、学校評議会、生徒指導に関する個別の打ち合わせなど
	n	事務・報告書作成	教育委員会等からの調査への回答、給食費等に関する処理、業務日誌作成など
	o	校内研修	校内研修、校内の勉強会・研究会、授業見学など
外部対応	p	保護者・PTA対応	学級懇談会、保護者会、保護者対応、家庭訪問、PTA関連活動など
	q	地域対応	町内会・地域住民への対応、地域安全活動、地域行事への協力など
	r	行政・関係団体対応	教育委員会など業績・関係団体、保護者・地域住民以外の学校関係者、来校者の対応など
校外	s	校務としての研修	初任者研修、校務としての研修など
	t	会議・打合せ	校外での会議・打合せ、出張を伴う会議など
その他	u	その他の校務	上記に分類できないその他の校務、勤務時間内に生じた移動時間など
	v	休憩・休息	校務と関係のない雑談、休憩・休息など

出典：株式会社リベルタス・コンサルティング「公立小学校・中学校等教員勤務実態調査研究」調査研究報告書（平成30年3月）。具体的な内容の項目の数を減らして作成。

のような長期休業中、生徒がいないので授業はないが、職員室をのぞくと思ったより大勢の教師がいるので驚くにちがいない。どの学校でも日直当番があるので、職員室がまったく空っぽになることはない。日直以外にも、小学校ではプール指導、中学校、高校では部活の指導や対外試合の引率などがあるので、担当教師は学校に来なければならない。それ以外にも、次の学期の準備（清掃を含む）をしたり、進路相談や課外授業、資格試験やその対策講座などをしたり、教師は長期休業中も学校に来て、授業期間中にはできなかった業務を行っている。学校に来ていない教師も休んでいるわけではない。知識を更新し、スキルを向上させるために学校外での研修を受けている（研修については第2章参照）。長期休業中の教師は、生徒を相手とする仕事以外の全てを行うために忙しく過ごしているというのが実情だ。

　秋から冬になるころ、進学や就職を控えた学年の教師は多忙を極める。進学や就職のために学校が用意しなければならない書類の数は膨大で、生徒の一人ひとりについて細かく丁寧な記述が求められる。加えて、就職がなかなか決まらない生徒のために、あちこちの会社を訪ねてまわったり、模擬面接を行ったり、落ち続けてやる気を失った生徒を励ましたりしなければならない。進学についても、三者面談で勃発する親子ゲンカを仲裁し、学費のやりくりの相談にのり、生徒本人にとってできるだけリスクが少ないと思われる進路を考えることが求められる。

　ようやく生徒たちの進路が決まった春、卒業式を終えてホッとしたのもつかの間、新たな学期を迎えるための準備は既に始まっている。新しく入ってくる生徒の情報をもとにクラス分けを行い、配慮を必要とする生徒への対応を考える。進級する学年では一年間の振り返りを行って生徒たちに自らの成長を確認する機会を設ける。そして教師は、生徒たちの情報を整理し、新しい担任への申し送りを行う。短い春休みには教師の人事異動も発生するので、4月から生徒も教師も新しい顔ぶれになって、また学校の一年がスタートする。学校は毎年同じことを繰り返しているようにみえるかもしれないが、何一つ同じということがない、常に新しいことに向き合わなければならない変化の激しい職場だといえる。

第2節　学校という組織の運営

　教師の一日や一年の様子について、具体的に思い描くことができただろうか。第2節ではもう少し具体的な側面から教師の仕事について考えよう。

（1）学校にいる人—チームとしての学校

　学校という組織を滞りなく運営するために、学校教育法では学校にどのような人がいなければならないかが定められている（表5-3）。長い話をして私たちをうんざりさせる校長先生が出張で不在なので、今日は朝礼が早く終わるぞと期待していたら、教頭先生が代わりに出てきたのでがっかりした経験はないだろうか。表にあるように、校長が不在のときには、教頭がその代わりをするように定められているので、教頭は正しく役割を遂行しているにすぎない。

　近年、子どもや地域をとりまく状況が変化し、生活に対する福祉的支援や特別支援教育など、教師だけでは対応できない課題が増えてきた。また、教師の勤務時間が長く、しかも授業以外のことに多く携わらなければならないという実態がある（第1節参照）。こういった背景を踏まえ、心理や福祉などの専門スタッフを学校に配置するなどして、教師がより充実した学習指導や生徒指導に取り組めるようにする学校の在り方が求められるようになった。学校や教師が多くの役割を総合的に担ってきたこれまでの在り方に代わり、校長が強いリーダーシップを発揮して、家庭や地域、関係機関と連携しながら、組織として教育活動に取り組む体制づくりが進んでいる。

　このように、校長、副校長、教頭、主幹教諭、指導教諭、教諭、養護教諭、栄養教諭、事務職員、助教諭、実習助手、技術職員といった多くの人たちが学校で働いていて、さらに専門スタッフや家庭、地域の人たちと連携・協働しながら、「チームとしての学校」を円滑に運営しようと努力している。子どもたちが、開かれた学校のなかで多様な価値観や経験をもった大人と接したり議論したりすることは、彼らにより厚みのある経験を与えるだろうと期待されている。

表5-3　学校教育法に定められた教師の職階

		職務内容	中学校	高等学校
管理職	校長	校務をつかさどり、所属職員を監督する。	◎	◎
	副校長	校長を助け、命を受けて校務をつかさどる。校長に事故があるときはその職務を代理し、校長が欠けたときはその職務を行う。	○	○
	教頭	校長（副校長を置く学校にあっては校長及び副校長）を助け、校務を整理し、及び必要に応じ児童の教育をつかさどる。校長（及び副校長）に事故があるときは校長の職務を代理し、校長（及び副校長）が欠けたときは校長の職務を行う。	◎	◎*
	主幹教諭	校長（及び副校長）及び教頭を助け、命を受けて校務の一部を整理し、並びに児童の教育をつかさどる。	○	○
	指導教諭	児童の教育をつかさどり、並びに教諭その他の職員に対して、教育指導の改善及び充実のために必要な指導及び助言を行う。	○	○
	教諭	児童の教育をつかさどる。	◎	◎
	助教諭	教諭の職務を助ける。	○	○
	講師	教諭又は助教諭に準ずる職務に従事する。	○	○
	養護教諭	児童の養護をつかさどる。	◎	◎
	養護助教諭	養護教諭の職務を助ける。	○	○
	栄養教諭	児童の栄養の指導及び管理をつかさどる。	○	○
	実習助手	実験又は実習について、教諭の職務を助ける。		○
	技術職員	技術に従事する。		○
	事務職員	事務に従事する。	◎	◎

◎置かなければならない　　○置くことができる
＊副校長を置くときは、教頭を置かないことができる。

(2) 校務分掌

　学校という組織を円滑に運営するために重要な役割を果たしているのが校務分掌という仕組みだ。第1節で示したように、教師の仕事は授業や部活動の指導だけでなく、多岐にわたっている。表5-2は、もっぱら一人の先生が個人として教育活動を遂行するために行わなければならない業務の内訳といえる。一方、学校全体では調和のとれた学校運営を行うために、教職員による業務の分担が必要になる。学校を運営するために必要なすべての業務を校務といい、これを分担する仕組みを校務分掌という。

　図5-1は校務分掌の様子がわかる組織図だ。教師は自分の担当する教科

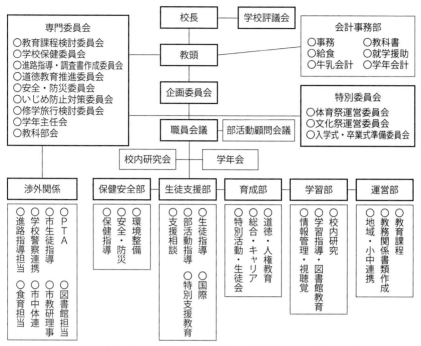

図5-1　令和元年度校務分掌組織図（関東地方Ａ中学校の例）

についての集まり（図5-1では「学習部」）や、学年の集まり（同「学年会」）
に加え、各種の委員会や部担当に任命され、その職務を遂行する。職員会議
や学年、教科ごとの打合せを通じた同僚教師との連携・協力は、学校の行う
教育活動を円滑にしている。こういった校務分掌のあり方は学校段階や学校
規模などによって異なるが、教職員数の多い学校でも少ない学校でも、必要
とされる校務は変わらない。

第3節　教師のキャリア

　教師としてのキャリアを積むということは、具体的にどういう生き方をす
ることになるのだろう。大卒労働市場の規模が小さい地方都市において、地
方公務員である教師は魅力的な職業の一つといえる。とくに、地域移動が少
なくて自宅から通える、給料がよいので安定した生活ができるといったイ

メージは、教職を職業として希望する大きな理由になっている。ここでは人事異動と給与の二点から教師のキャリアについて考えてみよう。

(1) 人事異動

　教師としてキャリアを積むために考慮しなければならないのが人事異動だ。人事異動は教員構成の適正化、人事交流、教師の資質向上等を目的に行われる。異動は同一校での勤務年数に基づいてなされることが一般的で、例えば、東京都では同一校での経験年数が3年以上になると異動の対象となり、6年に達した者は異動すると定められている。その他の地域でも「同一校勤続年数の上限は3〜6年（長崎県）」、「原則として同一校在職3年以上の者は異動の対象とし、同一校在職6年以上の者は積極的に異動を促進する（大分県）」などの規則がある。1つの学校で長い間勤務して児童・生徒や地域との信頼関係を築きたい、卒業生とのやりとりを楽しみたいと思っている学生は多いだろう。残念ながら近年、同一校での勤務年数は短くなる傾向にある。

　また、すべての都道府県で、広域人事に関する規定が設けられている。例えば離島の多い鹿児島県では、小・中学校の場合、県を離島以外のA、B、離島のCという3つのブロックに分け、異動の原則として在任期間中、A〜Cまでの各ブロックをそれぞれ1回以上経験することと定めている。高校の場合は離島を含まないA〜Eまでの地区と離島のF地区とに区分し、在任期間中3つ以上の地区を経験すること、その間に原則としてF地区の経験をもつことを定めている（図5−2）。このことは教員構成の適正化と気風の刷新に加え、すべての教職員が教育を公平に分担し、全県的な人事交流が公正かつ円滑に行われるために必要とされる（「鹿児島県公立小・中学校教職員長期人事異動の標準」）。鹿児島県では小中学校の50％近くが離島を含むへき地にあるため、全県的な広域交流のしくみが不可欠なのだ。

　さらに、東京都では12の勤務地域のうち、教師は5校を経験するまでに異なる3つの地域を経験しなければならないと定めている。ただし、区・市・町村立学校では区・市・町村等を3ステージにわけ、異なる2ステージを経験すると3地域を経験したことにできる。都立学校の場合は学校タイプに

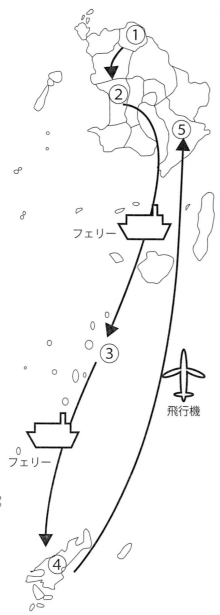

図5-2　地域移動のイメージ（鹿児島県）

よってA～Dの4ステージに分けられており、ステージB（定時制課程・通信制課程・チャレンジスクールまたは島しょに所在する高校）を含む3つのステージを経験することが求められる。「ステージ制」は、異校種間の移動をもって地域移動に代えることができる仕組みである。なお、都立高校では新規採用がステージB以外の場合、最初の異動でステージBの学校に優先的に異動することになっている（「採用後のあらまし」東京都教育委員会）。

教師の働き方改革のなかで、広域人事に関するこれらの規定は少しずつ見直されているが、勤務校数や勤務地域が管理職への登用要件となっている自治体もあり、教師としてキャリアを形成する上で地域異動は避けられないと考えたほうがよいだろう。

（2）給与

次に給与について考える。実際、教師はどのくらい経済的に安定しているといえるのだろう。

図5-3は福岡県と福岡市の大卒教師の平均給料について経

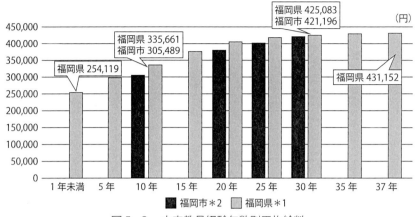

図 5 - 3　大卒教員経験年数別平均給料
出典：＊1　『福岡県人事給与統計調査』令和 3 年 4 月 1 日現在
　　　＊2　『令和 3 年度福岡市の給与・定員管理の状況』

験年数別に示したものだ。福岡県は高校、福岡市は小・中学校を指している。福岡県の新規大学卒業者の平均給与額は21.87万円（厚生労働省「令和 3 年賃金構造基本統計調査」）なので、「1 年未満」の福岡県の254,119円は相対的に高く感じられるかもしれない。しかし、注意しなければならないのは、教師の場合、大学卒業後にストレートで教師になれるとは限らないという点だ。図 5 - 3 は経験年数別に平均給料が示されているので、教員採用試験に合格したのが25歳でも35歳でも、年齢によらず、1 年目の給料が254,119円ということになる。もちろん、勤続年数も合格年齢によって異なるので、誰もが図で示されている431,152円という金額に到達できるわけではない。

(3) 教職という仕事

　毎日、朝から晩まで学校にいて、授業に関する仕事だけではなく学校の運営に関わる仕事もする。おまけに広域での地域移動も避けられない。学校の先生は公務員だから労働条件がいいだろうと思っていたのに、なんだか大変そうに思えてきたという学生もいるだろう。現役の教師は仕事として教職を考えた場合、その魅力をどのように考えているのだろう。

　現役の教師に「あなたは教員の仕事について、次のことを感じることがあ

りますか」とたずねた調査の結果を図5-4左に示した。「子どもの成長にか
かわることができる」「仕事を通じて自分が成長している」「世の中を支える
人材を育てている」というように、子どもと関わるなかで得られる充実感や
喜びについて「感じる」と回答する教師が多い。それに比べると、「「学校の
先生」の仕事とは、どんな仕事だと思いますか」という質問の回答（図5-
4右）は、教職のシビアな側面をよく捉えている。「給料が高い仕事」「休み
が多い仕事」など働き方に関する事柄を「あてはまる」と答えた教師は少な
い。

　教職という仕事については、仕事量の多さや勤務時間の長さ、社会的な責
任の重さに対して、物理的な報酬が十分でないとする研究がある。そういっ
た研究によれば、教師が意欲的に仕事に取り組むのは、教職という仕事の報
酬が、休暇や収入といった物理的な処遇よりもむしろ子どもと関わるなかで
得られる精神的充実感にあると、教師自身が考えているからだ。図5-4は、
その傾向をよく表している。

　教師の働き方と一般企業の働き方とを単純に比較することはできないが、
あまりにも楽観的に教師の働き方やキャリアをイメージしていると、厳しい

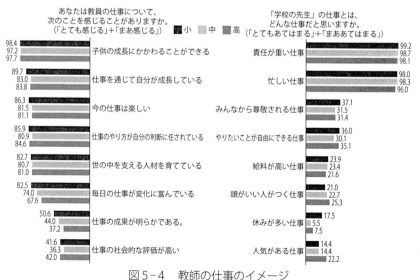

図5-4　教師の仕事のイメージ
出典：教員の魅力プロジェクト『教員の仕事と意識に関する調査』2015年

現実にとまどうことになるだろう。学生のうちに小学校や中学校でボランティア活動をするなどして、教職に関する実務や具体的な教師の働き方をよく理解しておくことが必要だ。

〈発展学習〉

①あなたの住んでいる県や市の教師の働き方、キャリアを調べよう。

②現役で働いている教師の一日を実際に観察してまとめよう。

〈読書案内〉

夏目漱石『坊ちゃん』新潮社、2003年（1906年発表）（青空文庫でweb上で読むこともできる）

　四国の中学校に新米数学教師として赴任した都会育ちの「おれ」が、わずか1カ月の間教師として奮闘しながら、同僚の「山嵐」との友情を育んでいく物語。夏目漱石が愛媛県尋常中学校（現在の松山東高等学校）で教鞭をとったときの体験を下敷きに書かれている。「おれ」の目線で生き生きと描かれる当時の学校の様子と若々しい憤りを楽しんでほしい。

代田昭久『校長という仕事』講談社現代新書、2014年

　東京都杉並区立和田中学校の民間人校長として5年間勤めた筆者の振り返りの1冊。第1章「意外と忙しい校長の一日」、第2章「変化に富んだ校長の12カ月」は校長の仕事が具体的に紹介されていて興味深い。その他の章も学校におけるお金の話や教育委員会との関係など、民間企業を経験してきた筆者ならではの、整理して読み解く視点が鋭くて分かりやすい。校長を目指していなくても、今日の学校の様子や課題が理解できるのでオススメ。

コラム　臨時教師

　多くの教育委員会で、教師の欠員が生じた場合に代替として勤務する臨時教師を募集する仕組みを整備している。例えば、福岡県には「臨時教員登録制度（ティーチャーズバンク）」がある。臨時教師には常勤講師と非常勤講師の2つがあり、常勤講師は正規職員と同じ終日勤務で、正規職員に準じた給与や各種手当てが支給される。一方、非常勤講師は時給1612〜2217円（令和4年度）で働く。常勤講師も非常勤講師も有期雇用の不安定な身分だということは共通している。

🖑：福岡県臨時教師登録制度（ティーチャーズバンク）
　　https://www.pref.fukuoka.lg.jp/contents/koushitouroku.html

　下図は全国の公立小・中学校の学級担任について、正規教師と常勤講師の内訳を示したものだ。図中、臨時的任用とあるのが常勤講師を指す。小・中学校ともに、学級担任のおよそ1割、そのうち常勤講師によって担われていることがわかる。特別支援学級は2割強が常勤講師は正規教師と同じ働き方を求められており、したがって、忙しくて採用試験の勉強をする時間がないということが問題になっている。一方、時間単位で働く非常勤講師は、教師としてのスキルを形成する時間も、スキルを発揮する機会も限られている。授業時間以外の教材準備や採点などの労働は無償で働くことになり、経済的に厳しい状態におかれている人もいる。

　こういった有期雇用や時間給で働く臨時教師の増加は、教師集団の連携を難しくしたり、正規教師の負担が増したりするなどの問題につながっている。教師の雇用問題と学校教育の質の確保は密接に関わっている。

□ 正規教員　　▨ 臨時的任用教員　　□ その他

	正規教員	その他
小学校の学級担任	88.4	11.5
うち特別支援学級	76.2	23.7
中学校の学級担任	90.7	9.3
うち特別支援学級	76.0	23.9

図5-5　小・中学校の学級担任の雇用形態別内訳（5月1日時点）
出典：文部科学省「『教師不足』に関する実態調査」令和4年1月

第6章　教育の方法
多様な子どもたちの学びに向けて

　教師の仕事の中心は授業である。これに、異論を唱える者はいない。そして、教師を目指している多くの皆さんにとって、教師の姿として、そうした授業における教師の姿を真っ先に想像するのではないだろうか。では、授業はどうつくっていけばよいのだろうか。具体的な方法については、「教育方法論」等の講義に譲り、ここではまず、授業づくりの基本的な考え方やコンセプトを概説する。次に、学習指導要領の歴史的展開を確認し、その内容を概説するとともに、2017年度に改訂された学習指導要領の構成を確認する。そして、アクティブ・ラーニングやICTの活用等、新たに求められている教育方法の特徴を検討していく。また、多様な児童生徒が学び合うユニバーサルデザインに基づく授業づくりのあり方を検討し、すべての児童生徒の学びを保障する重要性を確認する。

第1節　自らの授業経験を振り返る

　自分が行う授業の根底には、自らが受けてきた学校・授業経験がある。どのような学校生活を送ってきたのか、どういった授業が思い出に残っているか。大学における教職課程を受講しながらも、いざ教育実習で教壇に立つ際、そうした自身の経験や思い出を頭に浮かべながら、授業する学生が多い。

　では、小学校、中学校、高等学校の中で、印象的だった授業を思い出せるだろうか。そして、なぜその授業は自分の心の中で、思い出に残っているのだろうか。ある学生たちは、以下のような授業を思い出として語っている。

　「小学3年生の時、分数の授業で先生がお菓子を使って教えてくれた授業

が当時の自分は楽しくて今でも記憶に残っています。一本のお菓子を三つに折って、1/3、2/3、1という考え方などを教えてもらいました。授業でお菓子を使うことは望ましいことではないかもしれませんが、小学3年生だった自分にとってお菓子を使った授業は刺激的で楽しく勉強できたので思い出に残っています。」

　「日本史の授業で、板書ではなく、穴埋め形式のプリントに書き込んでいくやり方で、先生は私たちがノートを写す手間を省いた分、印象に残りかつわかりやすくするために、身振り手振りをしたり、その人物になりきったりして、わかりやすい授業だった。」

　こうした学生による様々な思い出を眺めてみると、大きく二つのパターンに分けられる。一つは、膨大な授業を受けた経験の中で、あの時のあの授業というように、一回の授業を思い出として記憶しているものである。もう一つは、一回の授業ではなく、○○先生の授業といったように、ある教師の授業の印象を記憶しているものである。この二つのパターン、皆さんはどちらだろうか。実は、半数以上の学生は後者を選ぶ。つまり、○○先生の授業という思い出である。もちろん、前者も少ないわけではないが、その場合は非常に独特な授業（教材の斬新さ等）であったり、校外学習であったりすることが多い。では、なぜ多くの学生が後者のパターンを思い出として有しているのか。それは、授業は「日常」だからである（佐藤学『改訂版教育方法学』放送大学出版会、2004年）。何時間にも及んでいる授業の経験を振り返ることは、日常を思い出すことであり、なかなか大変である。それゆえに、印象として残るのは、一回の授業というよりは、その先生がしてくれた一連の授業という形になる。

　この事実は、私たちに授業のあり方を教えてくれる。それは、授業の日常性である。これは、一回一回の授業を疎かにしてよい、ということを意味しているわけではない。多くの授業が学年という中で計画されていることに鑑みれば、1年間という長い期間を通して、生徒の印象に残るか、さらには生徒の身になっているかが授業には問われる。極端な話になるが、毎回すべて

の授業がうまくいくことはほとんどあり得ない。むしろ、なかなかうまくいかない、と感じることの方が多いかもしれないし、自分がうまくいったと思っても生徒たちには何も響いていないかもしれない。しかし、そうした失敗と成功を繰り返しながら、全体として1年間の授業が良かったと思えること、そして授業を通して生徒たちの学びが促され、結果として上述したような印象が生徒に残ることが、授業を通して目指すことの一つであるといえよう。

第2節　授業づくりの基礎：授業を構成する要素

　ここでは、もう少し具体的に授業のつくり方について考えてみよう。1時間の授業を構成していくためには、大きく四つの要素を考えなければならない（田中耕治編『よくわかる授業論』ミネルヴァ書房、2007年）。それは、教育目標、教材、授業行為、そして教育評価である。

　まず教育目標は、何を生徒に身につけるためにその授業をするのかを示したものである。小学校時代に目にしていた「めあて」は、教育目標の一つである。ただし、教育目標と一言で言っても、それは範囲によっていくつかの層に分かれる。大きな層から順番に挙げれば、教科目標、学年目標、学期目標、単元目標、授業目標となる。教育実習時には、一つの単元を任されることがあるゆえに、単元目標や授業目標の設定をしなければならない。なお、単元とは教科内容や教材の一つのまとまったものを意味し、例えば国語でいえばある論説文が一単元になることもあり、数学でいえば二次方程式といった単元が考えられる。

　次に教材である。教材とは、教育内容を習得させるのに必要な材料である。教科書が代表的である。教材の定義を踏まえれば、教科書は教育内容を習得させるための材料となる。つまり、教員は「教科書を教える」のではなく、教育内容を「教科書で教える」のである。教材は、教育内容とそれを習得する生徒の間を媒介するものであるゆえに、教育内容と生徒の両側面からその本質を見極めることが重要になる。教育内容との関係で良い教材を考えるのであれば、具体性（抽象的に示された教育内容を生徒たちがイメージしやすいかどうか）や典型性（教育内容を最も一般的かつ典型的に表すようなもの

であるか）等を考慮にいれる必要がある。生徒との関係で考えるならば、日常性（生徒たちが日常に触れているものであるかどうか）や意外性（生徒たちの興味関心に刺激を与えるものであるかどうか）といった点が重要となる。

　目標が定まり、利用する教材も決まると、次に教育内容をどう教えるかという点を考えることになる。それが三つめの教授行為である。どうやって教えるかということについては、100人の教師がいれば、100通りの教え方がある。唯一絶対的な方法は、ほとんど存在しない。1時間の授業は、一般的には「導入・展開・まとめ」という流れで進む。導入では、いかに生徒の興味関心を引き付けるかが重要となる。展開では、その授業で学んでほしいことをきちんと学ぶ場面や、最も学びが促進される場面（ヤマ場）を作ることが必要となる。また、教師は、発問、説明、指示という三つの種類の言葉を駆使しながら、授業を進める。発問では、生徒の思考を促進することが重要となる。指示は、明確に行わなければ、生徒たちの活動がバラバラになってしまう。

　最後は、学んだことを確認する教育評価である。現在の学校現場で行われている評価は、「目標に準拠した評価」と呼ばれている。これは、予め設定された目標を到達できたかどうかを評価するものである。それまでは、相対評価（例えば、クラス内の順位）や個人内評価（その生徒がどの程度成長したといった個人の評価）が利用されていた。しかし、相対評価は一定の集団内での相対的な位置を示すに過ぎないものであり、個人内評価は結局その生徒が何を理解できたのかが把握しきれないものであるといった批判が常に存在していた。そこで2002年から「目標に準拠した評価」が適用されることになり、全ての生徒が共通に理解すべき目標を設定し、それを達成したかどうかを評価することで、生徒の学力を保障しようとしている。

第3節　学習指導要領の位置づけと変遷

　授業づくりで踏まえなければならないのが、何を教えるのかという教育内容である。わが国では、文部科学省が作成した学習指導要領と呼ばれる文書においてそれが示されている。教師になるにあたって、もしくは教育実習に

臨むにあたっては、学習指導要領の内容を理解しておかなければならない。なぜなら、学習指導要領は文部科学大臣の「告示」という形で示されるものであり、一定の法的拘束力を持つからである。教師には学習指導要領の内容を踏まえた教育活動を行うことが求められているわけである。

　そもそも学習指導要領は、1947年に初めて作成された。その後、約10年ご

表6－1：学習指導要領の変遷

改訂年	背景	主な内容
1947年	・アメリカ GHQ 主導による教育改革	・「試案」という形での公布 ・修身、日本歴史、地理を廃止して、「社会科」を創設 ・児童生徒の自発的活動を促す「自由研究」の創設。
1958年	・自民党の誕生（55年体制） ・「はいまわる経験主義」論と学力低下論	・「告示」という形式に変わる。 ・小学校と中学校に「道徳」の領域を創設。 ・国語と算数の授業時間数の増加。
1968年	・高度経済成長による科学技術の振興	・「教育内容の現代化」の推進 ・算数、数学、理科における学習内容の繰り下げ ・特別活動の創設
1977年	・高校進学率の上昇 ・「新幹線授業」による「落ちこぼれ」の登場	・授業時間数の削減と「ゆとりの時間」の導入 ・基礎的基本的事項を中心とした教育内容の精選および内容の繰り上げ
1989年	・教育荒廃の進展 ・臨時教育審議会による教育改革	・「新学力観」による関心、意欲、態度の重視 ・小学校における生活科の導入 ・中学校における選択科目の拡大
1998年	・バブル崩壊による経済状況の悪化 ・グローバル化の進展	・「生きる力」の育成 ・授業時数の削減と教育内容の厳選 ・「総合的な学習の時間」の導入
2008年	・学力低下論とゆとり教育批判 ・教育基本法の改正	・授業時数の増加（「総合的な学習の時間」数の削減） ・確かな学力、豊かな心、健やかな体の育成 ・言語活動の充実と理数教育の充実、外国語活動の導入
2017年	・予測困難な時代の到来 ・東京オリンピック・パラリンピックの開催に向けて	・資質・能力をベースにした内容 ・「主体的・対話的で深い学び」の視点からの授業 ・小学校（5.6年）における外国語の教科化、高校における「公共」「数理探求」「総合的な探求の時間」等の導入

（注）改訂年は、小学校の学習指導要領の改訂年を表している。また、1951年と2003年にも改訂されているが、大きな改訂ではないので、ここでは省略している。表は、水原克敏『学習指導要領は国民形成の設計書―その能力観と人間像の歴史的変遷―』東北大学出版会、2010年を参照して筆者が作成した。

とに改訂が重ねられており、2022年現在は2017年（高校は2018年）に改訂された学習指導要領が利用されている。表6－1は、その変遷を簡潔にまとめたものである。学習指導要領の変遷の特徴は、よく「振り子」に例えられる。すなわち、ある時は児童生徒の個性を尊重してゆとりを持った教育の性質を帯びるが（1947年）、そうしたゆとりを持った教育への反動・反発として学力向上に向けた授業時間の増加や教育内容を詰め込むような性質を帯びる（1958年、1968年）。そして今度は、その詰め込み型教育への反動・反発として、再度、ゆとりを持った教育へと動く（1977年、1989年、1998年）。こうした振り子の動きを止めようとしたのが、2008年に改訂された学習指導要領である。この時、授業時間数が増加したため、詰め込み型教育への再転換と捉える議論もあったが、1998年の「生きる力」を継承し、その内実を「確かな学力」「豊かな心」「健やかな体」と位置付けることで、二項対立的な展開をストップさせるものであった。

さて、2017年に改訂された学習指導要領は、これまでの学習指導要領とは、その内容だけではなく、位置づけやコンセプトが大きく異なる。学習指導要領は、上述の通り、教員が「何を教えるか」を示したものであった。しかし、2017年の学習指導要領では、児童生徒が「何ができるようになるか」を基盤とする。具体的には、生徒に育成すべき資質・能力の柱として、「学びに向かう力・人間性等」、「知識・技能」、「思考力・表現力・判断力等」の三つが挙げられている。その上で、これらの資質・能力を身につけさせるために、「何を学ぶのか」という従来焦点が当てられていた学習内容が設定されている。例えば小学校の外国語活動が教科化され、高校に「公共」や「数理探求」といった新しい科目が誕生した。また、学習内容を「どのように学ぶのか」という方法が示されており、その中核に位置づくのが「主体的・対話的で深い学び」である。詳しくは後述する。

さらに、各学校が児童生徒の実情を考慮し、家庭や地域とともに教育課程（カリキュラム）を編成、実施、そして評価していくという、「カリキュラム・マネジメント」の重要性が示されている。これまでのように、単に学習指導要領の内容に沿って教育活動が展開されるわけではない。学校ごとの自主性がこれまで以上に求められ、そうした学校を作り上げていく一員としての教

師の役割も非常に大きくなるわけである。

「主体的・対話的で深い学び」を実現するための教育方法とICT活用

　2017年学習指導要領では、「主体的・対話的で深い学び」が目指されているが、それを実現するための教育方法として、アクティブ・ラーニングの導入やICTの活用が求められている。ここでは、アクティブ・ラーニングとICTの活用について理解を深めていこう。

（1）アクティブ・ラーニング

　アクティブ・ラーニングは、講義形式のような教師が一方向的に生徒に内容を教授するこれまでの一斉授業のスタイルではなく、教師と生徒の間での双方向的なやりとりを重視するなかで注目されるようになった学習・指導方法である。そして、「主体的・対話的で深い学び」を実現するためのものでもある。「主体的・対話的で深い学び」は「主体的な学び」、「対話的な学び」、「深い学び」の三つからなる。「主体的な学び」は学ぶことへの興味関心、自己の学習活動を振り返り次につなげる学びである。「対話的な学び」は、生徒同士の協働、さまざまな人との対話等から、自己の考えを広げ深める学びである。「深い学び」は、各教科等の特質に応じた「見方・考え方」を働かせながら、知識を相互に関連づけた深い理解、情報の精査による考えの形成、問題発見・解決策の検討、創造へと向かう学びである。こうした学びの実現は、生徒が受動的になる従来の一斉授業では達成できない。そのため、生徒が主体的に学ぶような授業の形態に転換することが求められている。具体的には、発見学習や問題解決学習、体験学習や調べ学習など、実際の社会に関係する課題に教室内外の学びを通して、生徒が能動的に取り組むことを目指したものが挙げられる。教師として、このような学習をどのように自分の授業に取り込めばいいのか、想像もつかないという人もなかにはいるかもしれない。しかし、教室内でのグループ・ディスカッションやディベート、グループワークなど、皆さんにとってなじみのある学習活動も、実はアクティブ・

ラーニングなのである。

　皆さん自身も小学校・中学校・高校ですでに体験してきているこうした学習活動について、少し思い出してみてほしい。教室の中で先生の話を授業時間ずっと聞いているよりも、教室の友だちと一緒に、「この問題は、こうやったら解けるかな？」、「それとは別の解き方もあるんじゃないかな？」、「この図からは、こんなことが読み取れるよ」、「それと同じことが教科書にも書いてある！」などと話しながら取り組む方が、集中して授業の内容を考えることができたり、理解が深まったりしたことはないだろうか。その一方で、グループワークをしている中で、自分は頑張っているのに、他の人はなかなか積極的に参加してくれなかったり、あるいは自分も意見を言おうとするのだが、意見を主張する他の友だちに押されて、自分の意見を出せなかったりしたということを経験したことがあるかもしれない。

　グループワーク一つとっても、長所と短所があるのだが、それを踏まえた上で、全員参加の授業づくりが目指されなくてはならない。先に述べたように、グループワークで主体的に取り組み、学習内容の理解を深めていくような時間を授業の中で作り出すためには、そのためのルールを決めて取り組む必要もあるだろう。すべての生徒が主体的に取り組めるようにするためには、グループを構成する人数を適切にする必要がある。理想的なのは、4人ほどのグループで、この規模であれば、自分の意見を大勢の前で発表することに苦手意識を持つ生徒であっても、グループ内では自分の意見を共有しやすかったりする。また、グループ内での役割分担をあらかじめ決めて課題に取り組むと、意識的にグループワークに参加することができる。

　グループの中には当然のことながら、理解の早い生徒もいれば、理解するのに時間のかかる生徒もいる。グループワークはこうした多様な生徒がいるなかでの、生徒同士の教え合い、学び合いを促す協働学習でもある。こうした学習では、教師の一斉指導では十分に理解できなかったことを友だちに質問し、教えてもらうことで理解が進む生徒もいれば、自分の理解したことを友だちが分かるように説明したり、自分の見方とは異なる見方から友だちが何につまずいているのかを理解して表現するといった一歩進んだ学びに進む生徒もいる。

アクティブ・ラーニングというと何か特別な学習形態を用いるかのように感じるかもしれないが、以上のようにグループワークを授業のなかに導入することで、生徒の理解を深め、さらに活用する力の習得につながる学びの時間を創り出すことができる。留意しなくてはならないのは、活動中心主義に陥らないようにすることである。アクティブ・ラーニングでは、生徒が活発に学習活動に参加することが重要ではあるが、その学習活動を通して考えたことを既習事項と関連づけたり、深めたりする時間と組み合わせることも忘れてはならない。

(2) ICT の活用

　ICT の活用については、これまでも学習指導要領の改訂がなされるなかで言及されてきたが、実際にはなかなか十分な活用には至っていなかった。しかしながら、2017年学習指導要領の総則に、学習の基盤となる資質・能力の一つとして情報活用能力が掲げられ、子供たちに情報活用能力を身につけさせることが求められている。また、ICT の環境整備を確実に進めるため、文部科学省は2019年には「GIGA スクール構想」を打ち出し、1人1台端末と高速大容量の通信ネットワークの整備を促進することになった。これまでは、ICT 機器の整備というと、電子黒板をはじめとする大型ディスプレイやプロジェクター、実物投影機、PC などの設置が主であった。しかし、「GIGAスクール構想」では、授業や家庭学習で用いることを念頭に、子供たち1人1人にタブレットやノートパソコンを配付し、ICT の活用を進めている。

　これらを踏まえると、情報活用能力の育成や ICT 活用に取り組むことは必須となり、授業を行う教師にとっては「どのように ICT を活用するか」ということが大きな課題となる。学習指導要領の改訂に合わせて、文部科学省は「教育の情報化に関する手引」を作成している。ここでは、2017年学習指導要領に合わせて作成された「教育の情報化に関する手引―追補版―（令和2年6月）」（以下、「手引」とする）を見てみよう。

　この「手引」では、教科指導における ICT 活用について、ICT を効果的に活用した学習場面を「一斉指導による学び（一斉学習）」、「子供たち1人1人の能力や特性に応じた学び（個別学習）」、「子供たち同士が教え合い学

び合う協働的な学び（協働学習）」の三つに分類し、それぞれの場面でどのように ICT を活用しうるのかを示している。一斉学習の場面であれば、デジタル教科書・教材をプロジェクターで映し出し、提示することにより、興味・関心を引き出したり、問題や図表を拡大提示することで課題を明確につかませたりといった活用が挙げられる。また、個別学習では、学習者用のデジタル教科書の活用やインターネットでの調べ学習、情報の整理などで活用できる。さらに、協働学習では、自分の考えやグループの考えをまとめたノートやワークシートを実物投影機で拡大提示したり、タブレットでまとめたものを画面共有したりすることが有効である。映されたものを視覚的に共有しながら、意見交流や発表ができるため、表現力の向上にも役立つだろう。

　ICT 機器は各教科や教科横断的な学習で用いることができるが、やみくもに ICT を使用すればいいというものではない。授業のどの場面で、どのタイミングで ICT を活用すればより効果的か、活用するうえでの創意工夫など、ICT を用いる教師の指導力が重要である。また、情報活用能力の育成に加え、安全に用いるための情報モラルを意識的に子供たちに教える必要もある。

第5節　授業のユニバーサルデザイン

　「ユニバーサルデザイン」ということばを耳にしたことはあるだろうか。ユニバーサルデザインと聞くと、誰もが利用しやすいようにデザインされた製品や施設を多くの人が思い浮かべるだろう。「誰もが利用しやすい」というところが鍵なのであるが、教育においても「誰もが学びやすい」教室環境づくりや授業づくり、つまり「授業のユニバーサルデザイン」が求められるようになっている。授業のユニバーサルデザインとは、「発達障害の可能性のある子どもを含む、通常学級の全員が楽しく学び合い『わかる・できる』授業を目指している」（桂聖・日本授業 UD 学会編『授業のユニバーサルデザイン』Vol.8、2016年、8頁）ものである。このような授業のユニバーサルデザインが求められる背景には、通常の学級に在籍する発達障害の可能性のある子供の存在が大きい。文部科学省による「通常の学級に在籍する特別

な教育的支援を必要とする児童生徒に関する調査結果について（令和4年）では、学習面または行動面で著しい困難を示す子供、つまり発達障害の可能性のある子供が8.8％在籍していることが示された。このように発達障害の子供が教室に在籍していることを踏まえて、教師は授業づくりを行う必要に迫られているのである。

　では、こうした子供たちの存在を踏まえた、通常の学級における授業づくりではどのような点に注意しないといけないのだろうか。授業をつくるとき、教科内容の「何を教えるか」ということを教師は考えるが、これに加えて、「どのように教えるのか」という子供のつまずきを踏まえた教育方法についても特別支援教育の視点から考える必要がある。発達障害の可能性のある子供のつまずきに注目し、その子供にとって分かりやすい授業をすることが、結果として、教室全体の子供にとって分かりやすい授業づくりとなるのである。

　現在の教室にいる子供たちを想像してみよう。勉強が得意な子供もいれば、不得意な子供もいる。教師の説明ですぐ理解できる子供や一度ではなかなか理解できない子供もいる。先のデータが示すとおり発達障害の可能性がある子供もいれば、最近では、日本語指導を必要とする外国につながる子供もいる。こうした多様な子供たちがいる教室の中で、教師は授業をしなくてはならない。そして、授業をする限りにおいては、子供たちに「わかった、できた」と感じてもらえる授業をしたいと思うのが当然であろう。その際、教室全体で子供たちが学び合い、子供たちが「わかる・できる」授業を目指す、授業のユニバーサルデザインの考え方が有効になる。

　授業のユニバーサルデザインの考え方に基づく授業づくりでは、「焦点化」、「視覚化」、「共有化」という三つの視点が有効である。この三つの視点について、見ていくことにしよう。

　まず、「焦点化」である。授業づくりのためには、教材研究に取り組むことになるが、教材研究に取り組めば取り組むほど、授業のなかで教えたいことも増えてくる。特に授業づくりになれないうちは、ポイントを絞り込むことが難しく、一時間の授業に多くのことを盛り込もうとしてしまう。しかし、それでは授業を受ける子供にとっては非常に負荷のかかる授業になってしま

う。そうならないためにも重要なのが、授業のねらいや活動をしっかりと絞ることである。その時間に教えたいことを絞り込む、つまり焦点化することによって、学習の流れをシンプルにし、子供たちに取り組みやすいようにするのである。

　次に、「視覚化」である。子供たちのなかには、文章を読んで理解することに困難がある子供や口頭でなされる説明を処理することに困難がある子供などがいる。そうした子供たちが理解できるように、情報を視覚的に提示することが視覚化である。例えば、文章だけを読んで書かれている内容をイメージすることが苦手な子供には、その内容につながる絵や図を提示することが助けとなる。また、音として入ってくることばだけでは情報の整理が難しい子供には、要点を文字化しておき、子供が確認できるように板書しておく、カードを作っておくなどの手立ても有効である。これは発達障害の可能性のある子供だけでなく、他の子供の学習の助けにもなる。一斉授業が進む中で、授業の流れにのって理解することが難しい子供が、どこに注目すればいいのか、何を考えればいいのかを視覚的に確認することができる。ただし、あらゆることを視覚的に図示すると、子供たちはどれに注目すればいいのか、今取り組んでいる学習活動にどれが関係するのかが分からなくなってしまう。焦点化して、絞り込んだ授業のねらいに沿い、視覚化する資料を精選することが重要である。

　そして、「共有化」である。一斉授業のなかでは、教師の問いかけに対し、子供が挙手し、それに答えるというやりとりが行われる場面がある。しかし、挙手をする子供は理解が進んだ子供や積極的な子供に限られてしまうことがある。全員が授業に参加し、「わかる・できる」授業にするためには、それぞれの子供が自分の考えたこと、理解したことを表出する時間をとることが重要である。ここで、前節のアクティブ・ラーニングのなかで示したグループワークが活かされることになる。自分の意見を言い、他の子供の意見を聞く。他の子供が自分の意見をなかなかうまく説明できず、ことばに詰まっているようであれば、言わんとしていることを聞き手が補って、その子の意見が出てくるのを支援するというような様子が見られると、多様な意見の共有化が進められる。また、グループのなかであっても、教室全体の共有であっ

ても、自分の意見を整理して発表することを苦手とする子供がいるならば、発表のためのモデル文を視覚化しておくといいだろう。それにより、意見表出に対する苦手意識を低減し、共有化をより促進することができるだろう。

　以上の三つの視点が、授業のユニバーサルデザインで重要となるものである。これらの視点に基づき、授業づくりを進めていくなかでも、第4節で述べたICTを視覚化という点で有効に活用することができる。例えば、実物投影機を使って教科書の図を拡大して映し出すことで、注目すべきポイントを明瞭に示すことができたり、グループワークの内容を記録したワークシートやノートをそのまま提示し、発表に役立てることができる。また、授業の目標に向かってグループワークに取り組む際に、課題に取り組む順序を拡大表示することで、教師の指示が通りやすくなり、子供も今自分が何に取り組めばいいのかをいつでも確認でき、見通しをもって学習活動に取り組むことができる。

　多様な子供たちが学ぶ教室で、「主体的・対話的で深い学び」を実現するために、さまざまな教育方法の工夫が求められている。その工夫の一例が、アクティブ・ラーニングやICTの活用であった。全員参加の授業を保障するための授業のユニバーサルデザインの考え方であったりする。ただ形だけをまねるのではなく、子供たちの基礎的・基本的な知識や技能の習得や、思考力・判断力・表現力の向上にいかにつながるのかといった点も意識して、授業の目標に適した教育方法を採用できるようにしておきたい。

〈発展学習〉
①自分にとって、良い授業とは何か、そのためには何が必要かを考えてみよう。
②アクティブ・ラーニングやICTの活用に関する実践記録を探して、読んでみよう。

〈読書案内〉
石井英真『授業づくりの深め方―「よい授業」をデザインするための5つのツボ―』ミネルヴァ書房、2020年

　筆者である石井英真は、小学校・中学校・高校の教員との授業研究に取り組み、数多の実践を熟知している教育方法学者である。本書は、授業づくりの５つのツボとして、「目的・目標」「教材・学習課題」「学習の流れと場の構造」「技とテクノロジー」「評価」を挙げ、授業づくりをいかに深めていくことができるか、概説している。豊富な事例や５つのツボで考えるべきポイントが明瞭に示されており、「よい授業」を考えるためにもぜひ読んでみよう。

桂聖・日本授業 UD 学会編著『授業のユニバーサルデザイン』東洋館出版社

　年に一回刊行されている雑誌である。毎号特集が２つ組まれており、実際の授業づくりに役立つ内容が多々掲載されている。2018年刊行の Vol.11の特集は、「特集１：『深い学び』」を目指す授業の UD」となっており、授業のユニバーサルデザインで「深い学び」を実現するための考え方を理解するのに役立つ。また、「特集２：学びの過程における困難差への対応」では、2017年学習指導要領の各教科の解説に示される障害のある子供の困難さと配慮に着目し、授業のユニバーサルデザインの視点からのケーススタディが掲載されている。

コラム 「個別最適な学び」と ICT

　タブレットやノートパソコンを授業中に活用したり、自宅から遠隔授業を受けた経験のある人は多いだろう。2020年に入り、新型コロナウイルス感染症の感染が拡大し、それに伴い ICT を活用した学びが一気に学校現場に入り込むことになった。現在では、ICT 機器は授業をするにも、学ぶにも欠かせない存在となっている。

　令和 3（2021）年 1 月に発表された中央教育審議会「『令和の日本型学校教育』の構築を目指して〜全ての子供たちの可能性を引き出す、個別最適な学びと、協働的な学びの実現〜（答申）」においても、ICT は必要不可欠なものとして考えられている。この答申では、「令和の日本型学校教育」における「子供の学び」の姿を示しているが、そこで鍵となっているのが「個別最適な学び」と「協働的な学び」である。「個別最適な学び」とは、「指導の個別化」と「学習の個性化」という 2 点から構成されている。「指導の個別化」は、子供一人一人の特性・学習進度・学習到達等に応じ、教師は必要に応じた重点的な指導や指導方法・教材等の工夫を行うことである。「学習の個性化」は、子供一人一人の興味・関心・キャリア形成の方向性等に応じ、教師は一人一人に応じた学習活動や課題に取り組む機会の提供を行うことである。これらの実現に向けて、ICT の活用が求められている。スタディ・ログやビッグデータを用いて子供の知識・理解に応じた学習の提供、教室空間を超えさまざまな人をつないだ学習の可能性など、ICT が寄与することは多い。

　しかしながら、ICT を活用する学びの「個別化」が「孤立化」にならないよう留意しなくてはならない。新型コロナウイルス感染症の感染拡大で多くが経験した一斉休業や遠隔授業は、子供たちから物理的なふれあいを通した学びを奪い、孤立感をもたらす側面もあった。そう考えると、同じ空間を共有する「協働的な学び」は子供の成長や発達にとって欠くことのできないものである。「個別最適な学び」と ICT の活用、「協働的な学び」のバランスを教員としてしっかり考えたい。

☞：中央教育審議会「『令和の日本型学校教育』の構築を目指して〜全ての子供たちの可能性を引き出す、個別最適な学びと、協働的な学びの実現〜（答申）」令和 3 年 1 月 26 日（https://www.mext.go.jp/content/20210126-mxt_syoto02-000012321_2-4.pdf）。

第7章　教師の職務実態
授業のほかになにをする？

　教師の仕事は授業以外にも多岐にわたっている。ここでは、中心的な仕事についていくつか見ていこう。

第1節　学級経営

（1）学級（クラス）とはなにか

　学校に入学したらどこかのクラスに属し、学年ごとにクラス替えをしながら、卒業を迎えるのが一般的だ。どのようなクラスに属することができるか、どのような友達と、どのようなクラスができるのか…。クラスとの良い出会いによって、学校生活に良い思い出を持つ人も少なくないだろう。もちろん、その逆の人もいるかもしれない。生徒にとって、クラスとは、学校生活のなかで大事な位置をしめるものである。

　では、そもそもなぜ学級（クラス）があるのだろうか。

　その理由の一つには、教授・指導の効率化がある。学級を編成し、そのなかで多数の生徒に対して一斉に一人の教師が教えることができるというのは、時間も人件費もその他の費用も節約となる。そうした効率化の観点から児童・生徒の集団単位としての学級は位置づけられてきた。

　また、生徒の人間形成の重要な契機という意義を学級は持っている。

　学級生活とは、多様な生徒が1年間ないし数年間にわたって、同じ教室で授業を受け、様々な活動をともに行っていくということである。これらの多様な集団活動のなかで生じる生徒同士の協働や人間関係は、そして、ときに生じる衝突等すらも、工夫次第で生徒の人間形成の契機となりうる。少なくとも多くの教師たちが、こうした観点から多くの学級経営・クラスづくりの

教育実践を行ってきたことも事実である。集団の持つ人間形成の可能性という側面も学級は持っているのである。

(2) 学級担任という仕事

　教師にとって学級担任とは必ずまわってくる仕事である。

　新任あるいは2年目、3年目の経験不足の教師であっても、小中学校では学級担任を持たされることは多いし、高校においても担任ないし副担任を任されることが多い。そして、どんなにベテランの教師でも新しい学級を担当するときは、少なからず緊張すると言う。

　学級担任をするうえで、まず認識しなければならないのが、学級を構成する生徒が、もともとはバラバラな集団だということである。その度合いは、学校や学年にもよるが、基本的には集団としてまとまりをもっていない状態で、教師は学級経営を開始しなければならない。

　だからこそ、学級担任には意識的・計画的なクラスに対する働きかけが必要となる。そうすることによって、授業や指導の効率があがり、また集団生活を活かした生徒の人間形成にもつながりうる。逆に、そうした働きかけが未熟であったりすると、授業や集団生活に支障をきたすことになるし、「学級崩壊」につながることもありうる。

　なお、良い学級経営をしていくためには条件整備も必要である。その一つとして、少人数学級の実現をあげることができよう。

　2019年のOECDの調査（『図表でみる教育 OECD インディケータ2021年版』）によると、日本の1クラスの平均人数は小学校27人、中学校32人であり、それぞれ OECD 平均の21人、23人を大きく上回っている。こうしたなか近年では、1学級30人から35人程度の少人数学級編成を進める地方自治体が増えている。少人数学級の実施により、教師が一人ひとりの生徒に対して配慮する余裕ができ、その結果、生徒の学習意欲の向上や精神的な安定に効果があるとも言われている。

第2節　生徒指導

（1）生徒指導の意義
①生徒指導とは

　自分が中高生だった頃を思い出してほしい。教師は教科指導以外にも様々な形で、生徒に接していたのではないだろうか。

　生徒の様々な活動に対しての支援、学校生活や私生活での悩みの相談、生活の送り方に対する励ましや注意など、いろいろな場面が思い出されるはずだ。そうした関わり方に感謝したり、職業としての教師の魅力を感じたりした人も多いだろう。逆にそうした関わり方を「鬱陶しいな」と思ったこともあるかもしれない。

　教科指導以外のこのような指導を、一般に「生徒指導」と呼ぶ（類似の用語として「生活指導」があるが、ここでは「生活指導」を含むものとして「生徒指導」をみていく）。学校生活全般を通して（ときには学校外まで範囲を広げて）生徒の成長を援助していく営み、それが生徒指導であり、生徒指導は教科指導とともに教師の重要な職務の一つとして位置づけられている。

②生徒指導の必要性

　生徒は学校内外の生活を送るなかで、様々な契機に触れて日々変化している。こうした変化は、生徒が学校生活に適応していくための重要な要素となるし、また、さらに言うならば、生徒が卒業後に「大人」として社会参加してくための重要な基盤となりうるものでもある。

　しかし、これはあくまで可能性にすぎない。すべての生徒が順調に成長できるとは限らないし、簡単に学校に適応できるわけでもない。だからこそ、その可能性を広げ、実現するための支援が必要となるのである。生徒指導の必要性はこの点にこそある。

　学校生活への適応や、社会参加のための力量形成において課題を抱えている生徒は多い。また、生徒によって、地域や時代によって、課題も大きく異なってくる。とくに近年、これらの課題がさらに多様化・困難化していると言われており、これらの課題に対応する生徒指導の必要性は高まっている。

(2) 近年の主たる課題

　近年の生徒指導の課題は多様であるが、ここでは不登校に注目してみよう。

　文部科学省の令和２年度『児童生徒の問題行動等生徒指導上の諸問題に関する調査』によると、小・中学校における不登校児童生徒数は、小学校63,350人、中学校132,777人の合計196,127人である。高校における不登校生徒数は43,051人である（令和２年度）。また、図７－１は小・中学校の不登校児童生徒数の割合の推移（1000人当たりの不登校児童生徒数）を表したものであるが、平成以降不登校児童生徒の割合が増えており、とくに中学校において高い割合が続いていることが見て取れる。

　また同調査によると、不登校になったきっかけと考えられる状況は、不安など情緒的混乱、無気力、いじめを除く友人関係をめぐる問題などがあるとされる。

　こうした不登校のデータが示すのは、学校生活に適応することの難しさの存在である。そして、この適応の難しさは不登校の生徒のみが抱えるものではない。不登校という行動はとらないが、学校生活自体に悩みを抱えている

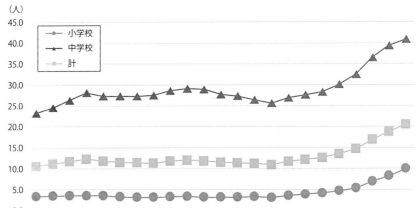

（注）調査対象：国公私立小・中学校（平成18年度から中学校には中等教育学校前期課程を含む。）

図７-１　不登校児童生徒数の割合の推移
（1000人当たりの不登校児童生徒数）

出典：「令和２年度児童生徒の問題行動・不登校等生徒指導上の諸課題に関する調査結果の概要」

生徒は多い。仲間や教師との人間関係に悩んだり、集団生活に悩んだり、また、家庭の事情等で学校に通うことや学ぶこと自体に困難を抱えている生徒も少なくない。

　このような生徒に対してどのようなスタンスで臨むのか、そしてどのような指導の方法をとるのか等が、生徒指導における重要なポイントとなる。例えば、不登校の生徒に対して、今の学校に登校させること自体を「望ましい」ととらえるのかどうかで、指導の方向性は大きく変わるし、助言や支援の方法も変わってくるだろう。生徒が抱える多様な悩みや困難に、適切に対応しうる生徒指導が求められているのである。

（3）生徒指導の方法・実践

　生徒指導の方法としては集団指導、個人指導、教育相談＝カウンセリング等様々な方法があり、ケースに応じて適切な方法が用いられる必要がある。そのために教員はできるだけ多くの指導方法を身につけておく必要がある。ただし、教員個人で対応できることも限られているため、他の教員との連携や、内部・外部の専門家（たとえばスクールカウンセラーや学校事務職員、外部なら児童相談所など）との協力体制をとることも重要であり、その際は、学校の組織人としてのふるまいが求められる。

　この分野でも様々な実践が積み重ねられてきた。生徒の抱える課題は多様であるし、また、教師の力量や学校の条件も多様である。今まで積み重ねられてきた様々な実践に学び、生徒にとって「望ましい」生徒指導を実施していくこと、それも教師の重要な職務である。

第3節　進路指導

（1）進路指導とは

　生徒の進路選択を援助したり指導したりする教育活動を進路指導と呼ぶ。その具体的な内容は進学指導と就職指導（職業指導）である。中学校段階における進路指導とはほぼ高校への進学指導を意味する。高校段階では、学校ごとに大きく異なり、進路指導＝大学への進学指導となっている学校もあれ

ば、進路指導＝就職指導＋大学や専門学校への進学指導となっているような
学校もある。

　生徒の多くは、自身の能力・適性について十分な理解をしておらず、キャ
リアイメージも不明確である。また、たとえキャリアイメージがあったとし
てもその進路先に関する情報収集が不足しているケースが多い。こうした状
態のままでは主体的な進路選択はできず、後で自分の選んだ進路を後悔して
しまう可能性が高い。

　こうした生徒たちに対して、職業や進学先についての情報を提供し、生徒
に自己の能力や適性についての理解をさせる。そして、それによって、生徒
が適切な進路を選択することができるようにする。こうした点に進路指導に
共通する意義があると言えよう。

(2) 進路指導の課題

　しかし、進路指導は近年大きな課題を抱えている。ここではとくに困難化
している高校段階における進学指導に焦点を当ててみよう。

①大学に行けば大丈夫？

　周知のように、若者のキャリア形成は厳しくなっている。大学生の就職活
動は厳しいものとなっているし、就職できたとしても就職先が劣悪で（例：
ブラック企業）早期に離職する者は多い。今は大学に進学したからといって
キャリア形成がうまくいく時代ではないのである。

　これは、大学生のあなたたちにとってショックではないだろうか？「大学
に進学すれば何とかなる」と思っていた人は少なくないはずだ。そして、実
は進路指導の担当者も困っている。なぜなら、多くの進路指導担当者が「（良
い）大学に行けば将来のことは大丈夫」と言って指導してきたからだ。現実
としては、「大学に行けば大丈夫、なんとかなる」というのは適切な判断基
準ではなくなっているし、適切な指導でもなくなっているのである。

②キャリアルートの多様化・劣悪化に対応するという課題

　「大学に行けば大丈夫」という指導が一定程度通用した時代があったのは

事実である。しかし、現代では若者のキャリアルートは従来よりも多様化し、さらに全体的に劣悪化している。そうしたなかで、従来の「良い高校⇒良い大学⇒良い企業⇒幸せ」といった「ものさし」は通用しにくくなっているし、またその「ものさし」自体も学力や偏差値偏重という点で問題視されてきたものである。偏差値を中心に進路指導を行う従来のやり方が問われてきていると言える。

　「私にとって適切な進路とは何か？」

　生徒が発するこの問いに対して適切な助言や情報提供をすることこそ本来的な進路指導の役割である。しかし、実はそのことは非常に難しい。なぜなら、適切な指導をするためには、生徒がたどるであろう進路や生徒の持つ資質・能力について、教師自身が鋭い認識を持っていなければならないからだ。こうした社会認識を基盤として、従来の「ものさし」＝判断基準に代わる新しい適切な基準をつくりだし、時代に対応した進路指導をしていくことが、今後の進路指導担当者に求められている。

第4節　その他のさまざまな活動

　学級経営、生徒指導、進路指導とみてきたが、教師の仕事はそれ以外にも多様にある。ここでは、部活動と地域活動について触れておこう。

(1) 部活動

　部活動に思い入れがある人も多いだろう。実際、「部活こそ学校生活！」や「部活を通して人間的にも成長した」という学生は多いし、「部活動に関わりたいから教師になりたい」という学生も多い。では部活動の意義や課題とは何だろうか。また、部活動に携わる教師の仕事とは何だろうか。

①部活動の意義

　部活動には、スポーツや文化に興味・関心を持つ同好の生徒が、自発的・自主的にスポーツ活動や文化活動を行うことで、スポーツや文化の楽しさや喜びを感じ、また、それらの領域の技能や知識の獲得や知能的・身体的発達

が可能になるという意義がある。

　また、学級や学年をはなれて生徒が活動を組織、展開するなかで生徒の自主性や責任感、協調性、連帯感などを育成し、仲間や教師（顧問）と密接に触れ合えることができる場としても大きな意義を持つ。すなわち、部活動は単にスポーツや文化への興味関心の涵養や技能・知識の獲得のみならず、生徒の人間形成の契機として大きな意義と可能性を有しているのである。

②部活動の課題

　他方で、部活動の問題点も指摘されている。とくに競技系の部活動は、しばしば勝利至上主義に傾きやすく、そのもとでは、「スポーツ・文化の楽しみや喜びを知る」や、「部活動を通して人間形成を図る」といった、上述した部活動の意義が軽んじられることがある。また、度を超えた長時間練習や体罰・しごき等といった問題も生じやすい。

　確かに、競技系において目標を設定して努力したり、勝利を経験したりすることにも意義はある。しかしそれらは、学校で行われる部活動の本来的な目的に沿って初めて意義づけられるものであろう。

③教師の役割

　①で見たような部活動における生徒の成長を促進し、②にあるような課題を克服していくことに、部活動に関わる教師の役割がある。そのためには、学校教育における部活動の意義をしっかりと認識し、生徒の成長を支援するためのスキルを身につけておかなければならない。

　ここで重要なのは、生徒の成長は単に、あるスポーツの技能が向上したとか、競技の成績が向上したというものだけで測れるものではないということだ。生徒は部活動の様々な契機によって多様な成長を遂げていくのであり、そこに部活動の意義がある。こうした多様な成長を促すような指導を教師は行わなければならない。

　これらを踏まえるならば、部活動に関わる教師には、各領域の技能育成に関する指導能力とともに、部活動を通しての人間形成を促すスキルが必要であると言えるだろう。

④教師の負担

　他方、近年問題視されているのが、部活動顧問の過重負担である。OECD
の調査（『国際教員指導環境調査』2018）によれば、日本の中学校教員の労
働時間は週56.0時間であり、調査参加国の平均38.3時間を大きく上回ってい
る。とくに、課外活動にかける時間が週7.5時間と平均の1.9時間に比べて突
出しており、それは部活動顧問の負担によって生じていると考えられている。

　そのため、部活動を大きな負担に感じている教員は多い。自分が得意とす
る分野ならともかく、自分が経験したことがない分野の部活動顧問を任され
ることも多々あり、とくに運動部の顧問はその安全対策も含めて不安を感じ
る教員は非常に多い。

　①で見たような部活動の意義を見すえつつも、その負担のあり方を見直す
時期にきていると言えるだろう。

(2) 地域活動

①地域と学校の強い関係

　学校は地域の人々の協力によって成り立っているし、また地域の拠点とし
ての役割も持っている。とくに小学校や中学校は地域社会と密接に関係して
いる。児童生徒の親、そして卒業生をも含む地域の住民、地域の関連施設と
その職員等が、小学校・中学校の教育にその地域のメンバーとして関わって
いる。

　学校が地域によって成り立っているという点に関しては、例えば、運動会
や文化祭といった学校行事は多くの親や地域住民の参加・協力がないとうま
くいかないし、通学や放課後活動といった生徒たちの日常的な営みも地域の
人の様々な支援によって成り立っている（例えば「通学見守りサポーター」
や「放課後活動支援員」等）ことを思い出せばよいだろう。総合学習や職場
体験等を想起するならば、授業自体も地域の人々、企業の協力に支えられて
いる。他方、学校が地域の拠点となる側面も強い。学校開放という形で地域
の様々な活動に施設や教員が活用されるのをはじめとして、地域づくりの中
心拠点として学校が位置付けられることは少なくない。

②コミュニティ・スクール

　こうしたなかで近年推進されているのが、「コミュニティ・スクール（学校運営協議会制度）」という仕組みを通した、「地域とともにある学校づくり」である。学校運営の基本方針や教育活動について、保護者や地域住民が学校に意見を述べることができる継続的な仕組みであり、それにより、学校と地域の情報共有・協力・連携・相互理解が進み、学校や地域の課題が解決されることが大きく期待されている。

③地域活動と教師

　学校教育が地域の協力によって成り立っていることを踏まえるならば、学校教育の中心的な担い手である教師には当然のことながら、地域理解ならびに地域の人たちとの交流・協力が求められる。目の前にいる生徒理解を深めるうえでも、生徒たちが生活している地域を理解していくことは重要な課題となるだろう。

　そして、その生徒たちが生活する地域をより良いものにしていくという観点で、地域づくりに積極的に関わる教師も多くいる。そのアプローチは実に多様だ。そうした実践に学び、地域の特性と自分の性質に合ったやり方で、地域づくりに貢献していく姿勢もぜひ持ってほしいと思う。

〈発展学習〉
①生徒指導、進路指導の課題についてあなたの経験等もふまえて具体的に論
　じなさい。

〈読書案内〉
　平成23年3月11日に生じた東日本大震災は、災害に対する学校の危機対応や教師の役割を大きく問うものとなった。生徒の命を守る役割、避難所としての機能、地域再生の基盤など、災害に対しての学校に期待される役割は大きい。こうした点も、教師の職務として押さえておきたい。東日本大震災と学校や教師のあり方については、たとえば、田端健人『学校を災害が襲うとき』（春秋社）や日本学校教育学会『東日本大震災と学校教育』（かもがわ出

114

版）などをまずは読んでほしい。また、防災教育のあり方についても多くの
本があるが、NHK スペシャル取材班『釜石の奇跡』（イースト・プレス）や
渡邉正樹『今、はじめよう！新しい防災教育』（光文書院）などを読んでお
きたい。

コラム　生徒のアルバイト

　この本を読んでいる人たちの多くは大学生だから、アルバイト経験者は少な
くないだろう。なかには、高校生の時にしていたという人もいるはずだ。その
経験を振り返ってみてほしい。

　例えば、苦労したことや困ったことはなかっただろうか？生徒・学生バイト
で頻繁に生じるのが、劣悪な働かせ方、パワハラ・セクハラなどである。近年
では「ブラックバイト」という言葉もうまれている。これは、高校生・大学生
の、権利認識の低さや立場の弱さにつけ込む形でなされている。「何かおかし
いな、困ったな」とは思っていても、労働法の知識がないためにうやむやになっ
てしまう…。誰かに相談したくても、きちんとした知識を持った大人や機関（学
校や教師も含む）にはなかなか相談できない…。それで結局泣き寝入りしてし
まう、そんなパターンが多い。

　一方、アルバイトを通して成長したと感じる人も多いのではないだろうか？
1 章でもみたように、アルバイト経験は「社会」を広げる契機となりうる。現
実として、高校や大学よりも、アルバイト先を自分の居場所としてとらえる学
生・生徒は多いことだろう。

　このように、大学生や高校生のアルバイト経験は一般化しており、そしてそ
のアルバイトには、多くの問題と、成長を促す可能性が存在している。しかし、
従来の高校では、一般的にはアルバイトは原則禁止であり、それゆえに、アル
バイト経験を指導においてどう位置づけるのかという議論すらほとんどなされ
てこなかった。しかし、多くの生徒が高校在学中に、もしくは、少なくとも近
い将来（高校卒業後）にアルバイトに就くという現実を踏まえるならば、高校
段階の生徒指導や進路指導において、生徒のアルバイトへの対応は避けて通れ
ない課題になってきている。

第8章　教職の課題
教師の悩み

　高校への進学率が98％に達し、大学・短期大学への進学率は50％を超えた。専門学校などへの進学もあわせると、現在、高校卒業生のおよそ8割がなんらかのかたちで進学をしている。専門学校が存在せず、大学・短期大学への進学率が2割に満たなかった時代と現在とでは、学校教育に対する期待や社会における教師へのまなざしは大きく様変わりしている。本章では現代社会の学校と教師が抱える課題について、いくつかの視点から読み解いていく。

第1節　現職教師はどんなことで悩んでいるのか

　教員の魅力プロジェクトでは「次のような悩みや不満をどれくらい感じていますか」と尋ね、教師の悩みや不満を明らかにしている。この調査に依拠しながら、現代の教師がどのような課題を抱えているのかをみていこう。

　図8-1をみると、教師が不満に感じている業務の状況として、「授業の準備をする時間が足りない」「仕事に追われて生活のゆとりがない」といった項目について、「とても感じる」「まあ感じる」と回答した割合が全体的に高い。第5章で見たとおり、日本の教師は世界的にみても長時間労働をしており、図8-1にはその影響がよく表れている。

　業務状況以外の悩みに注目すると、「生活指導の必要な子どもが増えた」という項目を肯定する割合がいずれの学校種でも非常に高い。小学校、中学校では、「保護者や地域住民への対応が負担である」という項目が、中学校、高校では「子どもが何を考えているのかわからない」という項目が、それぞれ高い値を示していることも見て取れる。

　今日の教員は、子どもの生活指導や保護者、地域住民への対応、部活動・

クラブ活動の指導に多くの時間をとられ、そのことが負担だと感じながら働いている。そうしたなかで、「仕事に自信が持てない」「子どもが何を考えているのかわからない」と感じる教員も少なくない割合でいることが全体の傾向として理解できよう。

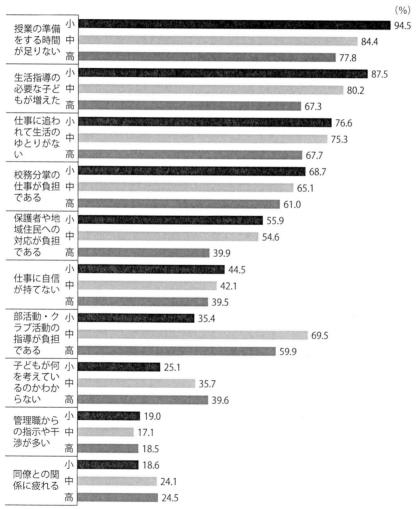

図8−1　教師の悩みや不満（「とても感じる」＋「まあ感じる」）
出典：教員の魅力プロジェクト「教員の仕事と意識に関する調査」2015年

社会の変化と教師の悩み

　現場の教師達の悩みや不満を、社会と学校という空間のなかでとらえ直してみよう。

(1) 教師の多忙問題

　「授業の準備をする時間が足りない」「仕事に追われて生活のゆとりがない」という悩みにみられるような教師の長時間労働は長年の課題である。「教員勤務実態調査」によれば1966年には月約8時間だった残業時間は、2006年調査では月約34時間に増加した。さらに、2018年調査では2006年調査と比較すると、中学校教諭で平日32分、土日1時間49分、小学校教諭で平日43分、土日49分と、それぞれ勤務時間が増加している。「思考力・判断力・表現力をはぐくむ」学校教育や、「主体的・対話的で深い学び」が目指されるなかで、児童生徒一人ひとりの学習を教師が丁寧にくみとることが求められるようになったことに加え、いじめや不登校、日本語指導、特別な支援が必要な児童生徒への対応など、学校が対応しなければならない教育課題が増えていることが労働時間増の原因として考えられる（内田良ほか『迷走する教員の働き方改革』岩波ブックレット1020、2020年）。

　それだけではなく、多忙を発生させる教師の働き方の特殊性や、そういった多忙さを教師が引き受けてしまう仕組みにも目を向ける必要がある。油布は、教師の多忙な状況は、単に人手不足や行事の多さといった事柄だけが原因なのではなく、教師の日常活動のなかに多忙状態が内在的に埋め込まれていることに由来すると指摘する（油布佐和子「教師の『多忙化』の様相とその基盤」日本教育社会学会大会発表要旨集録、1995）。教師は教科指導や生徒指導、雑務等といった種類やレベルの異なる活動を複数担っていて、状況に応じて瞬時にそれらの優先順位を決定しながら日常の教育活動を行っている。同時に、児童・生徒の集団と個の双方に気を配り、臨機応変に指導を行うことが求められている。こうした活動の仕方によって、教師の仕事は基本的にせわしない＝多忙なものとなる。そういったせわしなさのなかで、生徒が予想外の行動をしたり、教師が一人病気になったりするという出来事が起

こった場合、十分に対応することは難しい。日常の教育活動において、予想外の出来事が起こらないことはないので、必然的に多忙化がすすむというのだ。

　酒井は中学校の教師の多忙さについて、①教科担任として授業に責任を持っていると同時に部活動を担当していること、②生徒・親とのコミュニケーションに多くの時間とエネルギーが割かれていること、③指導という名のもとに生徒のあらゆる側面への働きかけが教育的に意味づけられていることの３点を原因として指摘した（酒井朗「多忙問題をめぐる教師文化の今日的様相」志水宏吉編著『教育のエスノグラフィー』1998）。③は、教師文化が持っている職業倫理としての「無限定性」に由来すると従来説明されてきたことに近い。「いわゆるサラリーマン的な限定的態度で割り切ることができない、あるいは割り切ってはならない、むしろ無限定な関心と熱意とを必要とするのだという一つの教職観（久富善久編著『教員文化の社会学的研究』1988）」に基づくなら、本質的に教師と多忙問題は切り離せないことになる。

　酒井はこれに加えて、このような職業倫理をもたない教師でも自らの役割を説明するときに「指導」ということばを使うことに注目し、学校において「指導」ということばが、どんな行為をも教育的に価値づけ、活動するに値する行為にしてしまうマジックワードとして機能していると指摘した。教師は、生徒の服装や清掃、下校の様子をみなくてはならないといちいち考えているのではなく、それが「服装指導」「清掃指導」「下校指導」だから行っているというのである。無限定的な職業倫理の有無に関わらず、教師が自分の役割を「指導」と認識していることこそが、教師の行うべき業務を増やし、多忙状態を引き起こしている要因なのだ。油布と同様、教職という仕事の性質に多忙状態が内在的に埋め込まれているという指摘といえる。

（2）共感的理解による生徒指導の難しさ

　酒井が②で指摘した生徒・親とのコミュニケーションが重視され、そのことに多くの時間とエネルギーが割かれている状況は、教師の多忙さだけでなく、教師の悩みのもとにもなっている。信頼関係に基づいた指導が有効だとする指導観は現在の日本の教育界に広く共有されており、信頼関係形成の重

視は日本の教育の特徴の1つとされている。信頼関係を形成するための生徒・親とのコミュニケーションの重視は、よく「児童生徒理解」ということばで表現される。

　酒井は「児童生徒理解」が児童生徒の何を、どう理解することなのか、なんのために理解することが必要とされるのかという具体的な定義が、時代の変化に合わせて大きく変化してきたと指摘している（酒井朗「"児童生徒理解"は心の理解でなければならない」今津孝次郎・樋田大二郎編『教育言説をどう読むか』新曜社、1997年）。一人ひとりの児童生徒を理解し、指導に役立てようとする児童生徒理解の基本的な考え方はとくに新しいわけではなく、戦前の職業指導の領域や戦後のガイダンス運動にも見出すことができる。しかし、当時の児童生徒理解とは、民主的な社会の建設のために、客観的かつ「科学的」に子どもを理解することを意味していた。児童生徒理解とは生徒一人ひとりに深い関心を示し、気持ちの理解に努めることであり、そのためにカウンセリング・マインドが必要だという主張がなされるようになったのは1970年代以降である。それまでは校則による厳しい管理が指導上の重要な手だてとされていた。1970年代後半、校内暴力やいじめなどの問題が次々に生じるなか、それまでの管理主義的な教育に対する批判が強まり、現在の生徒や親とのコミュニケーションこそが指導の効果を促すうえで有効であるという認識がもたらされた。教師は多くの指導上の困難に遭遇するなかで、生徒の気持ちを共感的に理解するところから指導を立て直そうと試みたのである。

　「児童生徒理解」のこのような変化は、教師と児童・生徒との関係性を大きく変えることになった。第3章でみたように、教育という行為は教育主体＝教師による被教育者＝生徒への働きかけと定義できる。どのようなときに生徒が教師の働きかけに応えるかを考えたとき、「教師のいうことには従うものだ」というように教師の権威や役割が社会的に認められている状態であれば、それが比較的容易だとわかるだろう。まさに1980年ごろまでの教師は教師の権威を背景に、役割関係として児童・生徒に向き合うことが可能だった。教師の指導に生徒が従うのは当たり前で、校則や受験のための内申書、就職のための校内選抜の存在がその関係を強化していた。「将来のため」「受

験のため」「内申書に書くぞ」といった殺し文句が、教育主体による被教育者への働きかけに応えるよう強く促していたのだ。

　ところが管理主義的な指導が批判され、子どもの心を理解することの重要性が主張されるようになると、教師の働きかけは子どもとの信頼感の形成と教師の人間的魅力に基づいて行われるようになった。教師や学校に付与されていた権威が失われていくなかで、教育主体が被教育者に対する働きかけを成功させるために利用できるのは、教育主体に対する被教育者の信頼と、二者の間に結ばれる強い絆だけなのだ。恋愛関係のように、たった1人を相手にした関係ですら、人間的魅力に基づいた信頼関係を築き、それを長期にわたって維持することは難しい。現在の教師が要求されているのは、数十人の子どもたちとその親を相手にそれを達成しろということに他ならない。そもそもカウンセリング・マインドという考え方の基になっている心理学的な手法は、カウンセラーと来談者との一対一の長期的な関係を前提としている。教師にとって過大すぎる要求だといわざるをえない。

(3) キャリアの多様化

　さらに、今日のキャリアの多様化が教師の困難を後押ししている。かつて、大学・短期大学への進学率がさほど高くなかった時代には、どの高校に行くかによって、その後進学するか就職するか、進学するにしても国公立大学なのか、私立大学なのか、短期大学なのかが決まっていた。中学3年生の高校受験の結果によって、その後の人生が決まる社会だったといってもよい（第4章参照）。このように高校の進路に対する水路付け機能が働いているなかでは、学校における生徒指導は比較的楽だった。中学校では、高校受験が分水嶺の役割を果たしていることが明確だったので、少しでもいい高校に行きたい者は熱心に勉強し、高校を出たら就職したい者は専門学科の高校への進学を目指した。高校生活も同じで、少しでもいいところに進学したい者、あるいは少しでもいいところに就職したい者は、学校の指導に熱心にしたがった。一生懸命勉強し、学校のいうことをマジメに聞いていれば、将来いい会社に入ることができて報われるという見込みは、学校の指導にコミットする意欲を高める。教師の権威が失われつつあっても、「将来のため」「受験のた

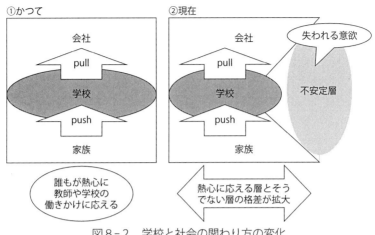

図8-2　学校と社会の関わり方の変化

め」「内申書に書くぞ」といった殺し文句がそれを補完して、教育主体による被教育者への働きかけに応えるよう強く促す役割を果たしていた。平たくいえば、教師のことはバカにしていたとしても、受験や就職のことを考えれば教師の言うことに従っておくのが正解だったのだ（図8-2①）。

　大学・短期大学の数が増え、少子化の進んだ現在は、どの高校に進学しても、大学を選びさえしなければ全員が大学に進学することができる。また大学を出たからといって、安定した就職が約束されているわけではない（第7章参照）。学校や教師の指導に従って一生懸命努力しても将来が保障されるわけではない時代の到来は、生徒にとって教師や学校の働きかけに熱心に応えるメリットがなくなったことを意味する（図8-2②）。もはや「将来のため」「受験のため」「内申書に書くぞ」といった殺し文句は有効ではない。現在の教師は、なぜ学校や教師の働きかけに応えなければならないのかについて、社会からなんの支援も得られない状態で、ただ児童・生徒との信頼関係や人間的魅力のみを根拠に向き合わなければならなくなっている。

第3節　格差社会の進展と子どもの貧困

　第2節では教師の悩みや不満を、教師という仕事に内在する問題と、教師

122

や学校をとりまく社会の変化のなかから生じる問題とに分けてみてきた。近年、学校や教師、子どもを取り巻く状況は、より複雑さを増してきている。

（1）学習習慣の復活

　図8-3はベネッセの『学習基本調査』のデータを用いて、1990年から2015年までの小中高校生の平日の学習時間の推移をみたものである。平日、学校の授業以外ではほとんど勉強しないという小中高校生の割合は2001年ごろに最も高い割合を示したが、2015年調査ではその割合は過去最低になった。また平均勉強時間も2015年に大幅に増加した。1989年に告示された学習指導要領で新しい学力観と個性尊重が求められ、続く1998年告示の学習指導要領で生きる力の育成とゆとりの確保が目指された。授業時数がもっとも少なく

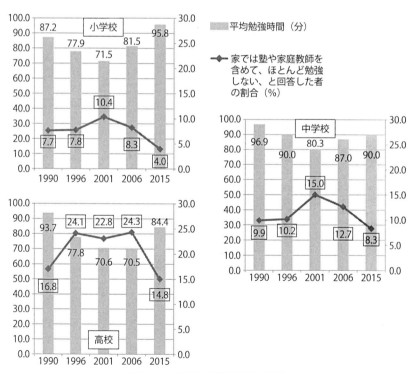

図8-3　平日の学習時間の推移
出典：ベネッセ教育研究所『第5回学習基本調査』2016年

なり、いわゆる「ゆとり教育」といわれたのがこの時期であり、図8-3の1996年、2001年、2006年が該当している。確かな学力の形成がめざされ、「ゆとり教育」からの転換が図られたのは2008年告示の学習指導要領からであり、2015年の結果は学力向上を掲げた教育行政や学校教育の取り組みが一定の成果をみたと評価することができる。

第2節（3）で、「学校や教師の指導に従って一生懸命努力しても将来が保障されるわけではない時代の到来は、生徒にとって教師や学校の働きかけに熱心に応えるメリットがなくなったことを意味する」と述べたが、図8-3を見る限り、子どもたちは再び学習への意欲を取り戻したようにみえる。

(2) 子どもの貧困

2014年に子どもの貧困対策の推進に関する法律（子どもの貧困対策法）が施行され、経済的な事情により、医療や食事、教育の面でさまざまな不利益を被っている子どもの存在が社会的に注目されるようになった。

表8-1は都道府県別に子どもの貧困率の推移を示した表から九州地域を中心に抜粋して示したものである。九州地域のほとんどの地域で、子どもの貧困率は全国平均を上回っている。値を算出した戸室によれば、全国的に1997年-2002年、2007年-2012年の2つの期間に子どもの貧困率が急上昇しており、最初の時期は橋本龍太郎内閣に端を発した構造改革政策が、次の時期はそれに加えてリーマンショック（2008年）と東日本大震災（2011年）が、それぞれ影響していると説明されている。（戸室健作「資料紹介　都道府県別の貧困率、ワーキングプア率、子どもの貧困率、補足率の検討」『山形大学人文学部研究年報』第13号、2016年）。

加えて、2020年以降の新型コロナウィルス感染症パンデミックは、とくに貧困世帯に大きな影響を与えた。内閣府の『令和3年子供の生活状況調査』によると、コロナ禍による生活の変化が必要な支出を増やしたにもかかわらず、世帯全体の収入は低下し、お金が足りずに必要な食料や衣服が買えないことが増えたと回答した者の割合は、貧困世帯が顕著に高い。経済的な困窮によって子どもの学習や食事などの生活に困難を抱える世帯の割合は、全国的に増えていると考えられる。第1節で見たように、「生活指導の必要な子

表8-1　都道府県別子どもの貧困率の推移

(%)

	全国	福岡	佐賀	長崎	熊本	大分	宮崎	鹿児島	沖縄	大阪	東京
2012	13.8	19.9	11.3	16.5	17.2	13.8	19.5	20.6	37.5	21.8	10.3
2007	10.0	13.3	11.0	16.2	11.7	11.7	16.1	14.8	30.7	16.3	8.1
2002	10.5	14.3	9.0	13.0	14.3	10.9	14.7	14.9	31.0	19.2	8.9
1997	6.0	9.9	6.2	7.5	9.7	6.8	10.3	9.6	26.8	8.4	5.7
1992	5.4	7.9	8.5	10.5	7.9	9.7	11.9	14.5	28.7	8.0	4.4

子供の貧困率：18歳未満の末子がいる世帯のうち、最低生活費以下の収入しか得ていない世帯の割合。最低生活費は『被保護者全国一斉調査』『被保護者調査』における最低生活費を基準とする。

出典：戸室（2016）より一部抜粋して作成

どもが増えた」と感じている教師が多いことは、子どもの生活の面倒をみる余裕を失った家庭が増加していることと無関係ではないだろう。

(3) 格差社会の進展と教育

　一方で教育政策の転換により、子どもがよく勉強するようになったことが示され、他方で貧困により日々の暮らしに困難を感じている子どもが増加していることが示されている。このことがもたらす課題を考えよう。

　日本の高等教育の大部分は私学によって担われている。公立学校の割合が高い義務教育段階でも、塾や習い事など、家計が負担している教育サービスは多い。このような教育システムのなかで高学歴を取得するためには、①義務教育終了後の私的負担に耐えるだけの経済力か、②比較的経済的負担の軽い公立学校に進学したり、奨学金をとったりできるような学力を身につけるための学校外教育投資のいずれかを必要とする。日本の教育システムは経済的な困難を抱える家庭に対して2つの経済的ハードルを課しているといえよう（阿部彩『子どもの貧困』岩波新書、2008年）。

　それに対して、1990年代末から続く構造改革政策は、それまで上昇傾向にあった労働者の賃金を引き下げ、家庭の教育費負担能力を低減させることになった。高卒以上の学歴取得が経済的制約により実現不可能であるという状況は、義務教育のレベルにおいて子どもたちから「意欲」や「希望」を剥奪

していくことになる。結果として、図8-2②にあるように、学校や教師の働きかけに熱心に応える層と、そうでない層の格差が広がっていく。経済的に恵まれた家族は、よりよい学校選択や将来を見越した効果的な教育投資を行い、依然として学校や教師の働きかけに熱心に応えるよう子どもに言い聞かせている。しかし、経済的な事情により早い段階で「意欲」や「希望」を失った子どもは、不安定層となって家族や学校、会社の外側に排除されている。加えて、1990年代から一貫して子どもの貧困率が高い水準にあるということは、学校教育を頑張ったからといって報われないという思いを実感として抱いた世代が再生産されていることを意味する。

　学校や教師がより勉強するよう働きかけ、結果として子どもが一生懸命努力したとしても、家庭の経済的事情により進学を諦める層が一定の割合、存在している。この矛盾を学校や教師はどのように解決できるだろうか。そして、進学そのものは家庭の経済的要因に基づいているにもかかわらず、いったん進学した後には学習経験が個々人の「教養」や「学歴」の格差として身体化され制度化されるという事態を、教師や学校はどのように受けとめたらよいだろうか。

第4節　教職の課題─よりよい教師キャリアの構築に向けて

　教師がおかれた今日的状況を整理しよう。教師は多くの仕事をこなさなければならず、長時間勤務や残業、休日出勤が当たり前の多忙な状況にある。この多忙という状況は教師という仕事に内在的なものであるがゆえに、完全に免れることは難しい。同時に、子ども一人ひとりに寄り添う共感的理解に基づく指導という過大な要求に応えることも求められている。一方で、学校がこれまで保障してきた社会へのスムーズな移行が難しくなり、家庭環境における格差も拡大している。保護者のなかには子どもの面倒をみることが難しい層もいる。学校が社会から取り付けてきた信頼も大きく揺らぎ、そのなかで教師は、人間的な魅力、人と人との濃密な信頼関係を築くことによって、学校や教師による働きかけへのコミットメントを取り付けなければならない。いったいそのようなことはどのようにして可能になるのだろうか。その

126

方策を考えよう。

　第一に、教職員が心理や福祉等の専門家や関係機関、地域と連携し、チームとして課題解決に取り組む「チームとしての学校」という取り組みが進められている。個々の教師が個別に教育活動に取り組むのではなく、組織として教育活動に取り組むことで子どもに必要な支援が可能になると期待される。

　第二に、教師同士のネットワークが教師の健全な成長とよりよいキャリア形成のために欠かせない。教師同士のネットワークは学年集団や教科集団というかたちで形成される。また、教育技術や授業実践に関する教師同士の勉強会やサークル活動も有効だ。1人の教師では力の及ばないときにも集団で情報を共有することで問題にうまく対処できることがある。

　第三に、教師の抱えている悩み、学校の抱えている問題が、個々の教師の能力の欠如のみによってもたらされているのではないという事実について知っておくことも大切だ。少子化、景気停滞、感染症の流行といった時代の大きな変化のなかで、教師の抱える悩みや葛藤、向き合わなければならない課題もまた、大きく変化している。直面した課題を社会と学校との関係という枠組みのなかで捉え直すための広い視野を学生時代に培っておこう。一見、教育実践とは無関係にみえる教育制度や学校行政の仕組みが、個々の教師の教育実践に大きな影響をもたらすことがある。専門教科の知識とは別に、教職教養として幅広く社会の仕組みを学ぶのにはそういう理由もあるのだ。

　そして最後に、すべての子どもとその親に人間的に好かれ、信頼される教師をめざすことがいかに達成困難で、教師にとって負担の大きい目標であるかを理解しておくこともまた必要なことだ。教育という営みは根本的に不確実性をはらんでいる。教育という行為の難しさと限界を理解したうえで、教師としていかに能力を形成し、よりよいキャリアを築くかについて考えよう。

〈発展学習〉

①進学率の上昇につれて、中学校、高校それぞれの卒業後の進路がどのように変わってきたのか、調べてみよう。

②今日の教師同士のネットワークには実際どのようなものがあるのか、現役の教師に聞いてまとめてみよう。

〈読書案内〉

　近年家庭の経済力、家族構成、保護者の子育てや教育に対する価値観など、様々な観点から、「格差」が扱われ、その是正・縮小策が議論されている。「学力」と、近年注目されるようになった「非認知能力」に対して、クリティカルな議論を展開している2冊を紹介する。

学力：志水宏吉『学力格差を克服する』ちくま新書、2020年

　親の経済力によって子供の学力が左右され、結果として進学先やその後のキャリアが影響を受けるという学力格差研究のきっかけは、2000年前後の「学力低下論争」である。以来、学力の「向上」が目指されたが、実際に起きたことは学力獲得競争の激化による格差の拡大だった。志水は、階層間の格差の縮小を伴わない学力格差の縮小は望ましいことではないとし、関西の学校現場で積み重ねてきた実践と研究をもとに、すべての子供の基礎学力を保障する「学力保障」の重要性を主張する。既存の研究における学力格差を論じる枠組みそのものを批判的に捉えなおすという点で一読の価値がある。

非認知能力：森口佑介『子どもの発達格差』PHP新書、2021年

　一方で注目を集めているのは子供の「非認知能力」の格差である。森口は多くの議論では「非認知能力」という言葉の定義が曖昧で不明確であると批判し、発達心理学の立場から子供の発達格差について考える。学力に着目した議論とは異なり、発達心理学の文脈では「ある能力が高い＝善」とは一概に言うことはできない。ある能力が高い子供と低い子供は別々の道を進んでいて、どちらの道が将来的に有利かを考えることに意味はないからである。しかし、「今を生きる」子供と「未来に向かう」子供という発達格差があるとき、その原因や是正するための支援策は検討しなければならない。子供の発達をとりまく格差について丁寧に議論した良書である。

コラム　「#教師のバトン」プロジェクト

　「#教師のバトン」プロジェクトは、文科省の「「令和の日本型学校教育」を担う教師の人材確保・質向上プラン」の取組みの1つで、2021年3月に始まった。目的は「学校現場で進行中の様々な改革事例やエピソード」を共有することで教職の魅力を社会に広く知らせると同時に、さらに魅力を向上させ、「教職を目指す学生・社会人の方々の準備に役立て」てもらうことにあった。その大きな特徴は、Twitter を中心とした SNS を利用したことにある。

　結果として、「#教師のバトン」は炎上した。教師自身やその家族、友人らから、「#教師のバトン」のもと、教師の長時間労働の悲惨な実態が続々と報告された。2000年ごろから続く学校経営改革と、2016年ごろからの学校の働き方改革議論のなかで不満を口にできなかった層が、Twitter という匿名の発信手段を得て、溜まりに溜まった思いをぶちまけたと考えられる。炎上は、文科省の意図とは真逆に、現在の教職にはいかに魅力がないかを社会に広く知らせることとなり、マスメディアも注目して教師の働き方の問題点を記事として取り上げた。そして、問題点の改善ではなく、現場のエピソードに魅力を見出そうとする文科省の危機意識の低さが批判された。

　「#教師のバトン」プロジェクトは、文科省が「教師が SNS で発言してもよい」というお墨付きを与えた点で大きな意味を持っている。教師による SNS 等での情報発信は法的な権利としては認められている。しかし、実名での発信を避けたり、管理職から止められたりするなど、その障壁は高い。もちろん、教育公務員として一定の制約はあるが、本来、教師が主権者として主体的な情報発信を行うことは保障された権利である。また、その姿を子どもたちが知ることは民主主義社会を形成する主体を育む教育という点で望ましい。

　「#教師のバトン」プロジェクトの一連の経緯については、『#教師のバトンとはなんだったのか』（内田良ほか、岩波ブックレット No.1056、2021年）に詳しい。炎上後、文科省がどのように事態を受けとめ、プロジェクトをバージョンアップしたのかについても書かれている。一読を勧める。

第9章　教育実習の実際
準備、実践、振り返り

　教員免許状の取得を目指す学生にとって、最も楽しみでありながら、最も不安を感じるのが教育実習であろう。教育実習は、自分の実践的な力量を試す場であり、教育現場の雰囲気を直接肌で感じられる場であり、自らの適性を振り返る場である。従来、教育実習と言えば、学生が初めて現場に出る機会であり、教職課程の総決算という位置づけであった。しかし、近年では教育実習に至るまでに多様な実習（観察実習等）やインターンシップの機会が大学から提供されている。また、学校サポーターや学習支援員といった地方自治体が主導する学校現場でのボランティアの機会も用意されている。その意味では、教育実習が初めての学校現場という学生は、それほど多くない。では、そうした中で、教育実習にどう臨めばいいのだろうか。また、教職課程を履修し始めたばかりの学生にとって、教育実習のイメージは、「学校に来て教えてくれた実習生」ぐらいのイメージしかないだろう。そこで、本章では教育実習への準備や心構えを説明するとともに、教育実習生の経験からその実際を概説する。

第1節　教育実習に向けた準備

（1）教育実習の目的

　教育実習の目的とは何か。単に現場を経験する以上に、様々な目的がある。もちろん、実施の時期や場所といった文脈で異なるが、大きく分けると、以下の四つが考えられる。

①教職課程で学んだことを現場の立場で考えてみる

　教育実習に至るまでに、教員免許取得に向けた様々な科目を履修する。例えば、教職に関わる科目では、具体的な教育方法に限らず、教育の原理や制度、児童・生徒の発達や心理、さらには生徒指導や道徳教育まで、教育に対する様々な考え方や見方を学習する。また、教科に関わる科目では、自分が担当する教科にかかる学問レベルの内容を学習することで、教科内容への理解を深めるだけではなく、より根本的な教科内容に隠された意味を探ることになる。こうした大学での講義を中心に学んだことを持って、教育実習に臨み、それらが現場でどう活用されているのか、また現場の状況をどう説明できるのかを考えることが重要となる。

②実践的な技量を学ぶ

　学校現場で活動することが初めてではなくとも、生徒を前にして授業を行うことは教育実習で初めて経験することになる。もちろん、教育方法論等の講義において、教えることの技術や考え方を一通り学び、模擬授業を通して一定の準備をする。しかし、実際に生徒を前にして教壇に立つと右往左往してしまうものである。実際の学校現場で授業を経験できる大切な機会だと捉え、実践的な技を試行錯誤しながら学んでいくことが重要である。もちろん、自分が授業する以外に、他の教育実習生や指導教員等が行う授業を積極的に観察して、いろいろな技を学び、取り入れることも忘れてはならない。

③生徒への理解を深める

　例えば、中学1年生を教育実習で担当すると、多くの学生にとって年齢が8〜9歳程度異なってくる。高校3年生でも、4歳程度は違ってくる。近年の社会状況の変化のスピードを踏まえれば、この年齢差は決して小さいものとはいえない。自分が思い描いている生徒像は多分にして自分が中学生や高校生だった頃のものに基づくが、教育実習で対峙する中学生及び高校生の姿は、決してそのようなものではない。この点は教職課程において学習してきた生徒像を実際の現場で再確認することが重要になるが、一方でそうした生徒に対する見方自体を捉え直す必要がある。生徒への理解を問いなおす機会

が教育実習となる。

　また、教師という立場で生徒と接することは、教育実習が初めての経験となる。ボランティアや学習支援員の場合は、単なるお兄さんやお姉さんという感覚で接してくる生徒も、教育実習生となると少し変わってくる。教師という立場になった時、そして生徒も教師として接してくる時、そうした時の生徒の言動や様子を学ぶ必要がある。

④教職への意識を高める

　「教師になりたい」と決意し、教職課程を履修していくなかで、教職の意義を確認する機会は多いだろう。文化の伝達といった知識の伝授という側面だけでなく、個人の発達に大きく関わることや、将来の社会を支える人材の育成など、その意義は多様かつ重大だ。しかし、こうした意義の理解は机上の学びだけでは不十分かもしれない。現場に出て、初めて気が付くことがたくさんあるだろう。

　すでにボランティアや学習支援員として現場に出たことのある学生は、「やっぱり教師になりたい！」という思いを強くしたかもしれない。しかし、教育実習は実際に授業をしたり、生徒を指導したりと、社会人としての責任を持つことが求められる。一社会人として教育実習を経験することで、教職に対する意識はまた一段と高まる。

（2）心構え

　教育実習に向けて、様々な準備が必要であるが、まずは教育実習に向けた心構えを理解しておきたい。上述したように、教育実習中は「大学生」ではなく、「社会人」としての教師である。それゆえに、社会人としての心構えや行動が最低限求められる。そして、「教師」として、生徒の前に立つことをきちんと理解しなければならない。教師が何気なく話す一言が、生徒にどのように受け取られるか、何気ない行動が生徒にどのような影響を及ぼすのか。自分の言動により、生徒が大きく変化（成長）するという意識を忘れてはならない。もちろん、教育実習生として受けいれてもらっている限り、「教師の卵」であり、様々なことを学ぼうとする積極的な姿勢を持つことも重要

である。例えば、特別な理由がないのに積極的に課外活動に参加しない、授業以外の様々な業務を経験しようとしない、といったことは様々なことを吸収しようとする意識に欠ける行為であり、教育実習生としての自覚に欠ける。

　次に、具体的な心得を確認しておきたい。基本は、社会人としての心得である。

・生活習慣を整え、体調管理に気をつける：教育実習期間中は授業準備に追われるかもしれないが、寝不足等で体調を崩さないように気をつける必要がある。

・挨拶等の礼儀を守る：先生方だけでなく、生徒に対しても、きちんと挨拶をする。

・適切な服装：教師としてふさわしい服装をし、身だしなみには気をつけること。

　➤茶髪、パーマは禁止。（教育実習中だけでなく、内諾許可やオリエンテーション時も含む）

　➤ピアスやネックレス、指輪等、不必要なアクセサリーは避けること。また、派手な化粧はしないこと。

・勤務にかかる連絡を必ず行う：教育実習期間中は、特別な事情がある場合を除き、原則的に欠勤は認められない。無断欠勤は言語道断である。病気や事故等、やむを得ず出勤できない場合は、必ず事前に指導教員へ連絡する。当然のことながら、就職活動は特別な事情にあたらない。

・実習校の服務規定を守る：校長や指導教員の指示に従い、校内での規則を守る。

・教員としての順守事項を守る：秘密を守る義務、信用失墜行為の禁止等、法令上の順守事項を守ること（第2章の服務義務をもう一度確認すること）。

　ここに掲げた心得は一例であり、その他にも社会人として、そして教師としてふさわしい行動をするように心掛けることが求められる。

（3）具体的な諸手続き

　教育実習に向けての具体的な手続きを紹介しておこう。以下、4年次に母校で教育実習を行う場合を例に挙げる。

教育実習生として受け入れてくれるかどうかという確認は、学生自身で行うことが一般的である。一部の市町村（例えば、福岡市や北九州市等）の場合、大学が一括して市町村教育委員会に申し込む場合がある。その場合は、大学から連絡があるので、注意しておきたい。教育実習の受け入れのお願いは、３年次の夏休みの時期に行う。夏休みまでに事前に電話等で連絡し、夏休み期間中を利用して、母校へ訪問する。そこで、教育実習の受け入れのお願いの話をする。その場で内諾をもらえる時もあれば、母校側から後日連絡が来ることもある。多くの場合は、４年次の５月から６月にかけて教育実習は行われるが、学校によっては９月以降になることもある。また、実習校の事情に応じては、受け入れが拒否されることもある。その場合は、大学にその旨を伝え、大学の連携校や教育実習協力校を紹介してもらうことになる。教育実習の受け入れの内諾を得たら、必ず大学に報告する。

　内諾後は、教育実習に向けた準備を進めることになる。教育実習で担当する学年や授業範囲等は、およそ１カ月から１週間前に受入校で行われる事前打ち合わせの時に説明を受けることが多い。そこでは、授業のことだけではなく、様々な事務的な内容、学校の事情等のレクチャーを受けることになる。わからないことがある場合は、この機会に必ず聞いておきたい。

　自分が担当する単元や範囲等が明らかになると、より具体的に授業の準備を進めることができる。その際は、可能な限り、当該単元にかかる指導案の作成、模擬授業といった実践的な訓練をしておきたい。そして、教職課程の教員にお願いをして、事前に作成した指導案の指導を受けたり、模擬授業を観察してもらったりすることで、授業の準備を進めていくことが重要である。特に、在籍している大学から離れた場所にある学校で教育実習を行う場合、教材研究の際に大学の図書館を利用するのが難しくなる。全く手持ちの資料がない状態で、授業準備をするような事態に陥らないようにするためにも、事前に必要となる文献等はチェックしておきたい。

　教育実習に必要なものを事前に揃えておくことも忘れないようにしよう。教科書の購入はもちろんのこと、実習中に利用するスーツや運動着、筆記用具等、直前になって慌てて準備することのないように心掛けたい。なお、教育実習前には、大学側から教育実習簿が配布される。教育実習中は、実習簿

に日々の生活の状況を記入していくことになり、それが教育実習の評価につながる。おろそかにせず、きちんと記入するようにすることが大切である。

第2節　教育実習生の実態

　さて、具体的に教育実習では何をするのだろうか。この教科書を手に取っている皆さんにとっては、まだまだ先のことでイメージが湧かないかもしれない。そこで、実際に教育実習を経験した先輩の状況を基に、教育実習の現実を少しでも感じておこう。ここでは、Ａ大学人文学部の津山さん（仮名）の経験を描写していく。津山さんは、中学校の社会と高等学校の公民の教員免許取得を目指し、自分の母校である中学校において社会科担当の教育実習生として３週間の教育実習を経験した。

(1) 教育実習期間全体の流れ

　教育実習の始まる１週間前、津山さんは中学校へ赴いた。そこで、校長先生や教頭先生に挨拶をし、教育実習期間中の指導教員から説明を受けた。具体的には、中学校の様子や生徒の様子、津山さんが担当するクラスの様子、教育実習期間中に教える範囲、そして事務手続き等、様々な内容についてのレクチャーを受けた。津山さんの中学校では、他大学の教育実習生も含め、４人の実習生を受け入れていたが、社会科は津山さん一人であった。このように、一般的には母校で教育実習をする場合、何人かの他大学の学生と一緒になることが多い。

　教育実習の初日は、まず校長や教頭への挨拶の後、職員朝礼で全教員に対して挨拶を行った。なお、全校生徒への挨拶は、初日に全校放送で行った。職員朝礼終了後は、担当するクラス（３年）に行き、朝読書、朝の会、朝掃除などを生徒と一緒に行った。午前中の２時間は、校長先生、教頭先生から教師の心構え、中学校の学校経営、学校にある特別支援学級について説明を受けた。特に授業については、学校が「学び合い」を推奨しているため実習生も取り組んでほしいと話があった。午後は、指導教員の授業観察を行い、メモを取っていった。観察した内容は、きちんと記録し、気付いた点をまと

める等して、実習簿に記入していった。また、担当するクラスの家庭学習用
ノートをチェックし、コメントする作業も１日目から行った。教育実習では、
自分の教科を教えるクラスに加えて、担任となるクラスを持つ。津山さんの
場合もそうであったが、多くの場合、指導教員が担任をしているクラスが自
分の担任となることが多い。

　２日目以降は、授業の観察が中心となったが、津山さんの場合、３日目に
初めての授業を行った。何日目から授業を行うかは、指導教員や受け入れ校
の方針によるが、多くの場合は２週目からとなる。津山さんの場合、教育実
習期間に体育祭が予定されており、その練習も組まれ、授業計画も変則的に
なることがあった。３日目には体育祭の練習が予定されていたのだが、雨天
の場合は授業を行う予定で、授業を任されることになっていた。結局、その
日は雨天で通常授業になり、３日目に最初の授業を行った。３週間という期
間で、津山さんは合計19回の授業、プリント学習やワーク学習の時間を５回
担当した。２年生と３年生の社会の授業であり、もちろん地理歴史分野だけ
でなく、公民の分野も担当した。実質的にほぼ毎日授業を行っていた。津山

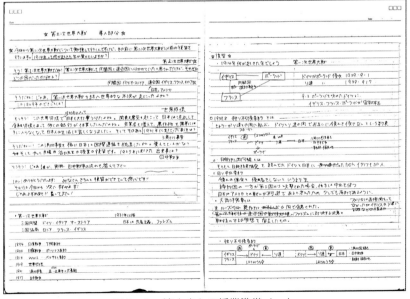

図9-1　津山さんの授業準備ノート

さんの場合は、教育実習生が担当できる授業の平均回数よりもやや多かったが、その分授業の経験を十分に積むことができた。各授業については、指導案の略案を作成し、指導教員のチェックを受けてから臨み、授業終了後は観察していた指導教員からのアドバイスを受けるというものであった。また、ICT機器の整備が進み、黒板の約半分がプロジェクター投影用になっていたため、コンパクトに板書を行えるよう、放課後の教室で板書の練習を何度も行った。初めて授業をする際には、導入でのやりとりなどを細かく想定し、授業準備のためのノートに書き込んで準備をしていた。これも授業を4〜5回行っていくなかで、慣れていったという。また、空き時間は、現場の教師の技を身につけられるように意識し、教科にかかわらず積極的に授業を見て回っていた。

　教育実習の最後の週になると、教育実習の総まとめとして、「研究授業」を行った。研究授業では、それまでの授業で作成していた略案とは異なり、指導観や生徒観といった詳しい内容を含めた指導案の作成が求められる。この指導案の作成については、他の授業とは異なり、1週間以上前から準備をし、何度も指導を受けながら修正を重ねた。研究授業には、指導教員に加え、校長先生や教頭先生、他の教育実習生も授業を観察した。授業終了後は、授業を観察した校長先生と教頭先生を交えて、1時間程度の反省会が行われ、指導を受けた。教育実習最終日は、全校生徒への挨拶、担任クラスへの挨拶をし、そして指導教員への挨拶をすませ、業務終了とともに、教育実習も終了した。

(2) 一日の過ごし方

　次に、津山さんの経験を基に、学校での一日の過ごし方を見てみたい。大まかにまとめると、以下のようになる。

　上述したように、教育実習生は一教員であり、一社会人である。そのため、この一日の様子から分かるように、非常にハードな一日を過ごすことになる。津山さんは、なるべく生徒と多くの時間を過ごし、関係を作るために、昼休みは必ず生徒と一緒に遊んだり、話をしたりしたという。放課後は、指導教員から早く帰宅することを勧められ、部活動の指導をしてだいたい19時頃に

137

表9-1 教育実習の一日（津山さんの場合）

6：00	起床、朝食、準備
7：40	登校、実習簿への捺印
8：10	職員朝礼
8：25	朝読書、担任クラスの朝の会：出席確認と今日の予定等を説明、清掃
9：05	午前の授業開始：授業の実施、授業観察、指導案の作成等
12：55	給食：担任クラスで生徒に交じって給食
13：30	昼休み：校庭で生徒と遊んだり、教室に残り生徒と談笑
14：15	午後の授業開始：授業の実施、授業観察、指導案の作成等
16：15	担任クラスの帰りの会：明日の予定等の連絡
16：30	指導案の作成や授業の準備、部活動の指導
19：00	帰宅、夕食、入浴
21：00	指導案作成、授業の準備等
1：00	就寝

筆者作成

帰宅していたが、早く帰宅しても、帰宅後の大部分の時間を指導案の作成や授業の準備に費やしている。実習生によっては、21〜22時まで学校に残り、授業の準備をする場合もある。津山さんは体調を崩さないようにするためにも、毎日1時には就寝できるよう、集中して授業の準備を行うようにしていたという。土曜日や日曜日は、もちろん休みだが、津山さんはそうした休日の時間のほとんどを授業準備に費やした。こうした一日の過ごし方、休日の過ごし方は例外ではなく、多くの教育実習生に共通しているものである。

第3節 教育実習の大変さ、そして楽しさ

最後に、教育実習を経験した先輩学生が教育実習後に語ってくれた教育実習の大変さと楽しさをまとめてみたい。先輩学生の思いを直に感じ取ることで、教育実習に向けた意識を高めてほしい。

まず、教育実習期間中、何が大変だったかを問うと、やはり授業に関する答えが返ってくる。授業に向けた準備については、教材研究と指導案の作成

138

図9-2　教育実習の様子

が中心となり、そこに費やす時間は、津山さんの事例からも分かるように非常に大きい。特に指導案の作成においては、どういう発問を設定すればよいか、授業の導入をどう工夫すればよいか、デジタル教科書の資料など、どのタイミングでどのように提示するのが効果的か、生徒観や指導観をどう書けばよいか、といった点を考えることに苦労している。先に述べたように、教育実習当初は導入でのやりとりを想定し、ノートに細かく書き、シミュレーションして準備を行っていた。また、生徒観・指導観については、実習期間のごく短い時間しか生徒と過ごしておらず、生徒の教科に対する意識や学習の傾向を把握するのに困難を感じた。そして、苦労して考えた後には、指導案にまとめる際、どう文章化すればよいか、どのような論理構成で展開させればいいか、といった課題にぶつかった。

　実際の授業の場面はどうだったのだろうか。頑張って作成した指導案通りに授業を展開することの難しさを誰しもが感じている。時間配分がうまくいかなかったり、生徒の行動のスピードが読めなかったり、自分が思うような回答をなかなか得られなかったり、その要因は様々である。最近では「主体的・対話的で深い学び」の実現のために、「学び合い」や「教え合い」を取り入れた授業に取り組む学校が多い。また、ICT機器の活用も進んでおり、デジタル教科書、電子黒板、タブレットの活用が求められる。そのため、教育実習生も取り組むことが求められる。津山さんは、普段からグループワー

クを授業に取り入れ、教育実習の集大成である研究授業で慌てることのないよう取り組んでいった。グループワークの進め方については、指導教員だけでなく、他の先生方にもヒントをもらい、授業に取り込んでいった。ただし、時間配分はやはり難しく、内容によって想定内の時間で終わるときとそうでないときがあった。研究授業の際も想定していたよりグループワークに時間を要し、時間が気になり焦って授業を進めてしまったと反省していた。このように、「生き物」としての授業を実際に体験できることこそ、教育実習でしか学ぶことのできない重要な点である。また、生徒への言葉遣い、寝ている子への注意の仕方、生徒から意見が出ない場合の対応、さらには保健体育の場合はケガをさせないような目配り、笛を吹くタイミング、グラウンドでの声量といったように、非常に細かい技術についても、苦労している。

　授業以外では、生徒指導に関わること（生徒とのコミュニケーションの取り方や生徒の叱り方）、担任業務（日誌作成、ホームルームで話すネタ）、さらには教員とのコミュニケーションなどが挙げられる。津山さんは、生徒との距離感をどのように取るかという点で、苦労していた。教育実習生は校内の教職員の中で一番若いということで、生徒たちが親しみをもって接してくるが、教師として注意すべきところはしっかりと注意し、実習生であっても教師と生徒としての関係を作らなくてはならない。とはいえ、生徒との関係を作って授業に臨みたいと考えていた津山さんは、授業以外でも生徒とコミュニケーションをとる努力を惜しまなかった。昼休みを一緒に過ごすことや、担任業務である生徒の学習ノートへのコメントも大切にしていた。1時間の空き時間で40名分のノートすべてに目を通し、手際よくコメントすることの難しさを感じながらも、生徒が津山さんに対し文章で語りかけていることには丁寧に応えようと努力していた。

　このように授業や授業外のすべてのところで難しさに直面することになり、教育実習での経験すべてが大変だったと振り返る学生も少なくない。そう考えると、「教師を目指すのをやめようかな」と考える学生がいてもいいはずだが、ほとんどの学生は教師を目指す決意を新たにしたり、教職の魅力を認識したりと、ポジティブな反応を示す。それは、こうした大変なことよりも、やりがいや楽しさを感じる方が相対的に大きいということである。「大

変だけどやりがいがある」、「大変だけど楽しい」という感覚が教育実習を経て身につく。

　津山さんも、その一人である。学校での業務の後、帰宅後も深夜まで指導案の作成や教材研究に取り組んでいた。社会科の教員免許を取得するけれども、社会科のなかでも得意分野、不得意分野があり、津山さんは不得意分野であっても、生徒にしっかり回答ができるよう、勉強を重ねていった。授業を行い、プリント学習の時間に机間指導を行っていた際、生徒に質問され、かみ砕いて説明を行えたときに、「わかった！」と言われたことがとても嬉しかったという。また、生徒が復習しやすいようプリント作成を工夫したところ、「先生のプリントは分かりやすい」と言われ、手応えを感じたという。さらに、生徒との関係づくりの点で努力をしたことが、授業を行う上で役に立ったと振り返っていた。生徒といろいろと話をしたり、多様な場面での生徒の様子を観察することで、津山さんなりに生徒と向き合ってきたことが、授業に活かされたという。最初は「３週間は長い」と思っていた教育実習もあっという間に過ぎ、最終日は終わってしまう寂しさを感じたという。津山さんは、３週間の教育実習を通して、生徒と向き合うこと、授業は生徒と共に作っていくものだということなどを実感し、教職の楽しさ、やりがいを認識した。津山さんのように充実した教育実習を過ごすためにも、教職課程での学びを大切にしていきたい。

〈発展学習〉
①社会人として教壇に立つために、必要なことは何か、考えてみよう。
②教育実習を経験した４年生の先輩に話を聞き、自分が感じたことをまとめてみよう。

〈読書案内〉
志水宏吉『教師の底力―社会派教師が未来を拓く―』学事出版、2021年
　教育社会学者である著者は、教育格差の拡大や分断の深まる社会において、「社会学的目」を持った「社会派教師」の必要性を主張している。「社会派教師」とは、「差別や不平等や格差といった社会問題に関心を持ち、教育の力

によってそれらを克服し、よりよい社会を築いていこうとする意志を持つ教師」である。教職を志望し、教育格差に関心を持つ人にはぜひ手にとってもらい、「社会派教師」としてどう成長し、現場の課題に取り組めるか考えてほしい。

前川智美『先輩教師に学ぶリアルな働き方　中学教師１年目の教科書—こんな私でも良い先生になれますか？—』明治図書出版、2022年

　著者のさまざまな経験を踏まえ、採用が決まって初出勤までの備え、始業式・入学式、学級経営、授業づくり、教員としてのコミュニケーション、校務分掌などについて Q&A で分かりやすく解説している。初任者を対象にしているが、教育実習生にとっても参考になる点が多々ある。「"いい先生"ってどんな先生だろう？」という著者が常に抱いている疑問は、教職を志す者にとっても共通のものであろう。それにどう向き合うのか、本書を参考に考えたい。

コラム　教育実習に向けて様々な実践に触れてみる

　教育実習までに、学校でのボランティアやインターンシップを通して、学校現場の実践に触れる機会がたくさんある。しかし、様々な事情で時間を作ることが難しいときは、それら以外の方法で教育実践に触れてほしい。ここでは、その方法として、三つ紹介したい。

　一つめは、学校による公開の授業研究会に参加することである。多くの学校は、1年間の実践研究テーマを決めて、学校全体で取り組んでいる。その成果を示す場として、公開の授業研究会がある。「公開」とあるように、大学生であっても参加可能である（事前の申し込みが求められる場合もある）。多くは1日だけ開催されることから、継続的な参加が必要なボランティアに比べれば、参加しやすい。研究会では、自分の担当教科だけではなく、様々な教科の授業も見ることができる。また、授業後の振り返りの会にも参加できる場合もあり、研究授業をめぐって行われる現場の先生の議論を聴くことができる。各自治体の教育センターのホームページ等に公開授業研究会の日程が掲載されたり、各学校のホームページで案内があったりするので、チェックしておこう。

　二つめは、授業動画を視聴することである。近年、数多くの授業実践の動画が公開されている。例えば、大分県教育庁（教育委員会事務局）は、You Tubeにオリジナルのチャンネルを立ち上げている。そこでは、「授業まるごと！」というシリーズが作られており、小学校から高校までの様々な1時間の授業をそのまま録画した動画が公開されている。その他の教育委員会も、1時間の授業をコンパクトにまとめて要点を解説した動画や、授業づくりの動画などを公開している。動画という性質上、例えば授業を受けている生徒たちの表情がわからなかったり、先生の授業の意図を指導案から読み取ったりすることは難しいが、それでも実際の授業がどのように展開されているのか、様々な教育方法がどのように活用されているのかを見ることができるので、ぜひ活用してほしい。

　三つめは、現場の先生方が書いた実践記録を読むことである。実践記録とは、授業を行った先生が、どのような意図をもって授業を構想して、実際にどのような授業を行い、生徒からの反応を含めてどのように授業を展開したのか、ということを文章で表したものである。広くは、授業に限らず、生徒指導の場面であったり、何気ない生徒とのやり取りであったりと、実際の場面を丁寧に文章化したものも含む。こうした実践記録を読むことで、実際の授業の場面をイメージすることができ、例えば生徒のこの反応はどうしてだろうか、この問いかけで雰囲気がどう変わったのだろうかと、思いを巡らせながら、授業という営みを捉えることができる。実践記録は、書籍や雑誌だけでなく、ホームページでも探して読むことができる。例えば、鹿児島県教育委員会のホームページでは、毎年の「優秀教育活動実践記録」を公開している。いろいろな実践記録から、様々な授業の姿に思いをはせて欲しい。

第3学年1組　社会科学習指導案

実施日時　令和4年6月1日（水）2時限目

指　導　者　○○○○

指　導　者　○○○○

1．単　元　「冷戦の開始と植民地の解放」

2．指導観

○教材観

　本単元は、中学校学習指導要領（平成29年告示）歴史的分野　内容（2）現代の日本と世界（ア）「日本の民主化と冷戦下の国際社会」にあたり、冷戦、我が国の民主化と再建の過程、国際社会への復帰などを基に、第二次世界大戦後の諸改革の特色や世界の動きの中で新しい日本の建設が進められたことを理解させることをねらいとしている。第二次世界大戦後、国際社会は戦後の平和維持の枠組みとして国際連合を創設したものの、大国の利害をはじめ、円滑に機能しない面も多く、また、局地戦争、地域紛争などが絶え間なく発生しており、現在のロシアとウクライナ情勢を理解するうえで大変意義深い。

　本単元は、第二次世界大戦後、新たに創設された国際連合を国際連盟と比較しながら、どのように世界平和を維持していくのかを理解させる一方、米ソ両陣営の対立に始まる東西冷戦、アジア諸国の独立、朝鮮戦争、その後の平和共存の動きなど、我が国の動きと関連させながら、考えを深めさせたい。

○生徒観

　本学級は32人学級である。全体的におとなしい生徒が多いので、全体の場で積極的に発言をする生徒が少ない。人間関係は良好なので、話し合い活動や班活動など、他者と意見交流することは興味がある。しかし、それをさらに深めたり、自分の言葉でまとめたりすることが十分でない。このことから、本学級の生徒には、教科書の文章や他者の意見を参考にしつつ、感じたことや考えたことを自分の言葉でまとめる学習活動が必要であると考える。

○指導観

　本単元の指導にあたっては、第二次世界大戦後、国際連合の創設や米ソ両陣営の対立を理解し、中国、朝鮮を中心に戦後のアジアの動きを捉えさせる。

　そのためにまず、国際連合が国際連盟からどのように変化したか、教科書やパワーポイントの資料を使い、理解させる。その際、資料から常任理事国に強大な権限が与えられていることに触れ、大国の思惑が働いていることに気付かせる。次に、ドイツの東西分断に触れ、米ソ両陣営の対立の構図をつかませる。さらに、中国、朝鮮戦争、植民地支配の終わりについてもその経緯や結果を踏まえ、米ソ冷戦が背景にあることを理解させる。最後に、本時の内容を自分の言葉でまとめ、説明できるようになる。その際、学び合い学習を行い、他者からの意見やヒントをもらうことで、まとめを完成できるようになる。

３．単元目標

・第二次世界大戦後の日本における民主化や冷戦下の国際社会の動きなどを地図などの資料から読み取ることができる。【知識・技能】

・戦後改革の展開と冷戦下における国際社会の変化について事象の相互関連を踏まえて説明することができる。【思考・判断・表現】

・第二次世界大戦後の改革や冷戦下における国際社会の変化を捉えようとしている。【学びに向かう力】

４．指導計画（7時間）

　①占領下の日本の様子を捉える。……………… 1時間

　②民主化と日本国憲法の内容を捉える。……… 1時間

　③冷戦による世界への影響を説明する。……… 1時間（本時）

　④独立の回復と国内の動きを捉える。………… 1時間

　⑤緊張の緩和と日本の外交関係を探る。……… 1時間

　⑥高度経済成長による生活の変化を捉える。… 1時間

　⑦マスメディアと現代の文化について知る。… 1時間

5．ねらい

　戦後の体制のなかで冷戦による影響が世界各地に広がっていることを理解し、説明することができるようにする。

6．準備

　①教科書　②プロジェクター　③指導者用端末　④ワークシート
　⑤ホワイトボード（ネームプレート）

7．授業の展開

学習活動・内容	準備	手だて（〇）と評価（◇）	形態	配時
1．前時の復習で日本の現状を確認し、冷戦下の世界に繋げる。 めあて 　冷戦と世界への影響について説明できるようになろう。	②	〇前時の復習をするためスクリーンに映し出された空欄箇所を答えさせる。 〇めあてをプリントに書くように指示する。	一斉 一斉	5分
2．国際連合と冷戦の始まり （1）国際連合の設立 ・安全保障理事会 ・常任理事国	② ③ ③	〇スクリーンに映し出された資料を基に、国際連合がどのように組織されたかを想起させる。 （予想される生徒の反応） ・第二次世界大戦の戦勝国で組織されている。	一斉	5分
	①	〇教科書2の資料を基に国際連盟と国際連合の違いを比較させる。	個人 一斉	5分
	② ③ ④	（問い） ・全会一致である ・加盟国が少ない ・アメリカが参加していない ・武力制裁ができない	個人	
（2）冷戦のはじまり ・北大西洋条約機構 ・資本主義 ・ワルシャワ条約機構 ・社会主義	② ④	〇国際連合設立の一方、冷戦が起こったことをドイツの例を挙げ、説明する。 （問い） 東西ベルリンの壁が造られた理由を考えよう。 （予想される生徒の反応） ・社会主義の影響を受けないようにするため。	一斉 個人 ↓ グループ	5分

146

		・西ベルリンの方が発展しているから。 ・人を移動させないようにするため。		
3．新中国の成立と朝鮮戦争 ・中華人民共和国 ・朝鮮戦争	④	○冷戦による影響を理解させるために中国で内戦が再発し、共産党が勝利して中華人民共和国が成立したことを説明する。	一斉	5分
	④	○冷戦による影響を理解させるために朝鮮が二つの国に分かれたことや1950年に朝鮮戦争が起こったことを説明する。	一斉	5分
4．植民地支配の終わり ・アフリカの年	④	○戦後の体制を理解させるためにアジアやアフリカで多くの植民地が独立したことを説明する。	一斉	5分
5．まとめ	⑤ ④	・本時の重要語句を提示し、その語句を使用してまとめるように指示をする。 （予想される生徒の反応） ・中国と台湾、韓国と北朝鮮、西ドイツと東ドイツ ◇冷戦による世界への影響について記述することができたか。〈課題分析〉	個人 ↓ 学び合い	15分

8．支援を必要とする生徒の特性と手立て

（1）支援を必要とする生徒（S）の座席位置

教卓

			S①		
	S②	S④			S⑤
	S③				

（2）支援を必要とする生徒への手だて

	生徒の特性	手立て
S①	学習内容を理解することが困難である。また、自分の考えや意見を書くことが難しい。	机間指導をする際に、今どこの学習をしているか示したり、学習内容の理解の支援をしたりする。
S②	学習内容を理解することが困難である。また、自分の考えや意見を書くことが難しい。	机間指導をする際に、資料の見方を説明したり、学習内容の理解の支援をしたりする。
S③	学習内容を理解することが困難である。また、自分の考えや意見を書くことが難しい。	机間指導をする際に、今どこの学習をしているか示したり、学習内容の理解の支援をしたりする。
S④	資料の内容を理解することが難しい。また、自分の考えや意見を書くことが難しい。	机間指導をする際に、資料の見方を説明したり、学習内容の理解の支援をしたりする。
S⑤	学習内容を理解することが困難である。また、自分の考えや意見を書くことが難しい。	机間指導をする際に、今どこの学習をしているか示したり、学習内容の理解の支援をしたりする。

終章　教職の方向性
変化の時代を生きるため

　これまでの章を通して、あなたは、教職についてさまざまな角度から学んできた。まず、教職への心構えについて自問自答し、大学での教職課程の学びについて考えた。つづいて、教育実習も含め教職に就くためにはいかなる学びが求められているか、教職に就いた後も何が求められているか、学ぶことができただろう。その後、教職の具体的な仕事内容として、教育指導、教師の生活、教育の方法、教師の職務について学び、教職の歴史や近年の教育課題を通して、教職が置かれている状況について考察することができただろう。以上の学びを通して、日本の教職に関する諸施策は、自由─統制、多様性─均質性、平等主義─競争主義の間で揺れ動いてきたことがわかるだろう。

　この10年間に、教職をめぐる状況は大きく変化した。1980年代の臨時教育審議会以降、教育改革に関する歴代の審議会や会議において、学校のあり方や教職のあり方が議論されてきた。2006年の教育基本法改正により、教師は「自己の崇高な使命」を深く自覚することと、絶えざる研修と職務専念義務の徹底が求められるようになった。

　この間に、子供の教育のあり方も変化しつつある。生徒の「落ちこぼれ」等の問題に対応するために1977年以降進められてきた「ゆとり」教育の方針は、1990年代末の「学力低下論争」を経て転換を迫られ、2008年（高校は2009年）の学習指導要領改訂においては「生きる力」の理念を維持しつつ「確かな学力」の確保に向け、学力向上に向けた「脱ゆとり」の方針が示された。さらに、2018年に改訂された学習指導要領における「アクティブ・ラーニング」の導入によって、教師は学習指導観の転換を迫られている。

　そこで、近年の教育改革の動向、および2018年度に告示された新学習指導要領をめぐる議論を紹介し、これから教職に就こうとする者が身につけるべ

き資質能力について考えよう。

第1節 教育改革の概観—「多様化」と「教育機会の保障」の間で

　第二次世界大戦後、一貫して高福祉社会を目指してきたヨーロッパ諸国は、1980年代以降、新自由主義（neo-liberalism）の台頭により、社会政策の転換を迫られた。成果主義を基盤に、選択と競争原理の導入、公的セクターから民間セクターへの移行が、教育を含む社会政策全般において実施された。

　日本もまた、その潮流とは無縁ではない。1990年代以降の「失われた20年」における経済の停滞もあって、公的資金の選択的集中や競争原理の導入が進められるなかで、学校教育の改革も進められた。

　1990年代以降現在に至る教育改革の原点は、臨時教育審議会である。1984年9月、当時の中曽根内閣の諮問機関として発足した臨時教育審議会は、その後の教育改革の基本的な考え方を提示した。とりわけ最終答申「教育改革に関する第四次答申」（1987年8月）においては、改革を進める三つの視点として、（1）個性重視の原則、（2）生涯学習体系への移行、（3）変化への対応（国際社会への貢献と情報社会への対応）が必要であると述べられた。

　上記の答申内容は、その後の教育施策に反映されていった。「新しい学力観」に基づく学習指導要領改訂（1989年）以降、暗記中心の教育から自ら学び考える力を培う教育への転換がなされた。生涯学習体系への移行については、社会人への大学開放や地方公共団体による生涯学習のまちづくり等が進められていったことが挙げられる。国際化への対応としては、国際理解教育が導入されたこと、「留学生10万人計画」（1983年）によって留学生は2003年度に10万人を超えたことが挙げられる。学校の情報化については、1985年度以降学校におけるコンピュータやソフトウェアの整備が行われ、今も学校教育現場における最新のICT、たとえば電子黒板やタブレット端末の普及や校務支援システムの導入が進められている。

　日本の教育施策は、経済環境の変化による所得格差の拡大と、個を重んじる意識の広がり等社会意識の変化を背景に、多様化と教育機会の保障の間で揺れ続けている。2000年代前半には、教育改革国民会議の報告を受けて、構

造改革の「教育特区」政策による株式会社立学校の設立の動きや、チャータースクールの構想が議論された。2008年頃の「子供の貧困」問題をきっかけとして所得格差の拡大が社会問題となったことを背景に、2010年度には、公立高等学校に子供が就学する世帯を対象とする「公立高等学校授業料無償制」および一定の所得以下の世帯を対象とする「高等学校等就学支援金制度」が実施された（2014年度以降は所得制限のある「高等学校等就学支援金制度」に改正）。なお、大学・短期大学・高等専門学校・専門学校についても、一定の所得水準にある者を対象とする修学支援制度が創設され、2020年4月より実施されている。

第2節　変わる子供の学び、学び続ける教師

　1989年の学習指導要領改訂以降、外国語等グローバル化に対応した能力や情報機器の活用能力等、教師にはさまざまな能力が求められてきた。たとえば、外国語教育については、2008年告示学習指導要領で小学校第5・第6学年に「外国語活動」が導入された。その後、2017年告示学習指導要領において、「外国語活動」は第3・第4学年に前倒しされ、第5・第6学年に新しい教科「外国語」が導入された。

　また、情報機器の活用能力については、小学校・中学校・高等学校のいずれにおいても、学習指導要領「第1章総則第3（高等学校では第3款）教育課程の実施と学習評価」に「各学校において、コンピュータや情報通信ネットワーク等の情報手段を活用するために必要な環境を整え、…」と記載されている。さらに2019年には「GIGAスクール構想」によって、「多様な子供たちを誰一人取り残すことなく、公正に個別最適化され、資質・能力が一層確実に育成できる教育環境を実現する」（リーフレットより）ため、すべての学校に児童生徒1人1台端末と高速ネットワークの整備が急速に進められている。

　新学習指導要領の基盤となる学び観は、「主体的、対話的で深い学び」である。本節では、この「主体的、対話的で深い学び」とは何かをあらためて理解した上で、それに対応するために教師に求められる学びのあり方につい

て考える。

（1）新学習指導要領における「主体的、対話的で深い学び（アクティブ・ラーニング）」

　2017年告示中学校学習指導要領、2018年告示高等学校学習指導要領は、中学校では2021年度までに全面実施され、高等学校では2022年度より学年進行で全面実施される。これら新しい学習指導要領は、従来のものとは異なり、教師による指導よりは生徒の学びに重点を置いた内容となっている。鍵となるのは「主体的、対話的で深い学び」、いわゆる「アクティブ・ラーニング」という概念である。

　「アクティブ・ラーニング」とは、「教員による一方向的な講義形式の教育とは異なり、学修者の能動的な学修への参加を取り入れた教授・学習法の総称」（「新たな未来を築くための大学教育の質的転換に向けて――生涯学び続け、主体的に考える力を育成する大学へ――（答申）」（2012年8月）用語集より）であり、もともと高等教育において用いられた用語であった。

　「次期学習指導要領に向けたこれまでの審議のまとめ（案）」（2016年8月）においては、「主体的、対話的で深い学び」について、「…形式的に対話型を取り入れた授業や特定の指導の型を目指した技術の改善にとどまるものではなく、子供たちそれぞれの興味や関心を基に、一人一人の個性に応じた多様で質の高い学びを引き出すことを意図するものであり、さらに、それを通してどのような資質・能力を育むかという観点から、学習の在り方そのものの問い直しを目指すものである。」と述べられている。「アクティブ・ラーニング」と聞くと、たとえば発見学習、問題解決学習、体験活動等の学習活動やグループ・ディスカッションやディベート等の方法が想起されうるが、上記文書によれば、必ずしも特定の型の学習方法の獲得を含意するものではないことがわかる。

　「アクティブ・ラーニング」概念の導入は、一斉授業形式中心である日本の学校教育現場に、学習活動の転換をもたらそうとしている点において有意義である。「新しい知識・情報・技術が政治・経済・文化をはじめ社会のあらゆる領域での活動の基盤として飛躍的に重要性を増す、いわゆる「知識基

盤社会」(knowledge-based society) の時代であると言われる」(「我が国の高等教育の将来像 (答申)」2005年1月) 21世紀において、主体的・対話的に、かつ「深く」学ぶ力の獲得は不可欠である。

(2) 学び続ける教師

　上記 (1) で述べた通り、新しい学習指導要領では生徒がいかに学ぶかに重点が置かれている。したがって、教師には、現代の教育課題への対応とともに、「主体的、対話的で深い学び」を生徒に保障するために、絶えず学び続けることが求められる。

①教師に求められる資質能力としての学び

　教師の学びについては、近年の教員施策にかかる各種文書で繰り返し取り上げられてきた。たとえば、「教職生活の全体を通じた教員の資質能力の総合的な向上方策について (答申)」(2012年8月) をみると、これからの教師に求められる資質能力について下記の通り整理されている。

(ⅰ)教職に対する責任感、探究力、教職生活全体を通じて自主的に学び続ける力 (使命感や責任感、教育的愛情)

(ⅱ)専門職としての高度な知識・技能

　・教科や教職に関する高度な専門的知識 (グローバル化、情報化、特別支援教育その他の新たな課題に対応できる知識・技能を含む)

　・新たな学びを展開できる実践的指導力 (基礎的・基本的な知識・技能の習得に加えて思考力・判断力・表現力等を育成するため、知識・技能を活用する学習活動や課題探究型の学習、協働的学びなどをデザインできる指導力)

　・教科指導、生徒指導、学級経営等を的確に実践できる力

(ⅲ)総合的な人間力 (豊かな人間性や社会性、コミュニケーション力、同僚とチームで対応する力、地域や社会の多様な組織等と連携・協働できる力)

　上記答申では、上記の資質能力を有する、「新たな学びを支える教員を養成」するとともに、「『学び続ける教員像』の確立」が必要である、と述べられて

いる。つまり、教師には、社会の急激な変化に伴う、求められる人材像や学校教育に求められる内容の変化に対応するために、「授業の実施方法を含む教育のスタイル自体を変えていくこと」（答申7頁）が求められている。

　変化著しい現代社会においては、教員養成段階における学びだけでは、新たに生じる学校現場の課題に対応することが困難である。したがって、教師には、新しい教育方法や教育理論等を、そのキャリアに応じて学び続けることが求められている。

②反省的実践家としての教師

　教師は、若手も、ベテランも学び続ける存在である。熊本市の小学校教頭である前田康裕（〈読書案内〉参照）は、新任教師ばかりでなく中堅教師もベテラン教師も、それぞれが壁にぶつかりながら学び続ける姿を描写する。作中、ベテラン教師をして「優れた教師は／自分の経験を分析して／「実践知」とよばれる知性を／身につけていくものなんだ」（p.44）と語らせ、「反省的実践家」という定義を提示している（p.45）。なお、「反省的実践（省察的実践）」とは、ドナルド・A・ショーンが提示した概念であり、「技術的合理性」像にもとづく従来の専門職モデルと対比される、具体的な実践の省察を通して実践知を獲得していく専門職のモデルである。

　教師の仕事、とりわけ教育実践は、「技術的合理性」で説明することは困難である。教師としての学びは、大学の教職課程で終わりとはならない。教職に就いた後も、子供との関わりや社会との関わりを通して、日々学び続ける。自らの実践を振り返り省察することを通して、よりよい実践に繋がる学びを得るのである。

　教師には、これまで以上に柔軟かつ実践的な指導能力の刷新が求められている。「主体的、対話的で深い学び」を保障するためには、教師自身による学習観の転換が不可欠である。したがって、これから教職を志す学生には、大学における学びで自ら「主体的、対話的で深い学び」を実践し、ICTを積極的に活用することを求めたい。

第3節 協働と連携

（1）協働するための教員コミュニティの再構築

　キャリアの全期間を通じての教師の学びは、学校内外での協働によって支えられる必要がある。現在、教師社会の変化により、ベテラン教師から若手教師への知識の伝達が課題になっているといわれる。かつては、教師集団内部で、経験豊富な教師が若手教師に知識・技能を伝達する構造がみられた。しかし、2000年代の採用抑制と、2014年度以降の「団塊世代」の大量退職による新採用の急激な増加は、教師の年齢構成のバランスに変化をもたらした。「これからの学校教育を担う教員の資質能力の向上について ―学び合い、高め合う教員育成コミュニティの構築に向けて―（答申）」（2015年12月）によれば、経験年数5年未満の教員の割合が最も高く、経験年数11-15年のミドルリーダークラス教員の割合は最も低いという。最近のデータによれば、公立中学校の教員は50歳代後半が最も多く、次いで多いのが20歳代後半から30歳代前半である一方、その中間にあたる30歳代後半から40歳代は少ないことがわかる（令和元年度　学校教員統計調査）。

　この状況を踏まえ、答申では教師のキャリアステージに応じた学びと成長を支えるために、養成・研修を計画・実施するための基軸として、教師の育成指標を教育委員会と大学等が協働して作成することが提言されている。現在、各都道府県教育委員会は「教員育成指標」「教員スタンダード」等の名称で採用後の教員育成指標を作成している。

（2）さまざまな連携

　複雑化する社会の状況や教育ニーズの多様化・複雑化を反映して、近年、学校による地域や関係機関との連携の必要性はますます増大している。教師も、学校内外のさまざまな職種や施設・機関との連携にかかわることになる。ここでは、「タテの連携」として学校間接続を、「ヨコの連携」として特別支援学校との連携および家庭・地域との連携をとりあげる。

①学校間の接続：幼小連携、小中連携等

　中央教育審議会答申「今後の教員免許制度の在り方について」（2002年2月）において、幼稚園と小学校の教師が相互に理解を深めることが重要であることが示された。2000年代後半における「小1プロブレム」の社会問題化によって、幼児期から就学時の接続教育や、幼稚園・保育所と小学校の連携推進の必要性が盛んに議論され、地域における取り組み例も紹介されるようになった。2008年告示幼稚園教育要領・小学校学習指導要領では、ともに幼小連携について言及された。

　幼児教育から小学校教育への接続と同様、小学校教育から中学校教育への接続も課題となっている。「中1ギャップ」という言葉が示すように、学級担任制を主とする小学校から教科担任制の中学校への移行は、子供にとっても保護者にとっても課題である。国立教育政策研究所のリーフレット「『中1ギャップ』の真実」（2014）においては、中学校における課題を見極めるためには小学校からの連続性に着目することが重要であると述べられている。「子供の発達や学習者の意欲・能力等に応じた柔軟かつ効果的な教育システムの構築について（答申）」（2014年12月）では、第1章で、地域の小学校と中学校が連携または一貫的な教育を実施する例が今後増えることを想定した上で、小中一貫教育の制度化とともに、小学校と中学校の教員免許状の併有の推進が提言されている。

　以上に述べたように、近年はとくに学校間の円滑な接続が求められている。最新の幼稚園教育要領と小学校・中学校・高等学校学習指導要領はいずれも、総則および各教育活動に関する記述において、学校間接続がより明確に意識されている。取得しようとする免許状にかかる学習指導要領の本文を確認しよう。

②特別支援教育における特別支援学校等との連携

　2006年5月の学校教育法改正により、旧「特殊教育」は「特別支援教育」と改められた。新制度において、「特殊教育」の対象外であった「発達障害」の子供は、「特別支援教育」の対象に含まれ、通常学校において、個々人の発達状況に応じた適切な支援を受けることとなった。旧特殊教育諸学校（盲

学校・聾学校・養護学校）は特別支援学校に改められるとともに、従来の在籍児童生徒の教育機能に加えて地域における特別支援教育のセンターとして位置づけられることとなった。つまり、特別支援学校には、地域の幼稚園・小学校・中学校等を含む関係機関や保護者に対し、障害のある子供等の教育について助言・援助を行うことが期待されている。

　地域の小学校・中学校では、教職員の中から特別支援教育コーディネーターが指名される。特別支援教育コーディネーターには、特別なニーズを有する在籍児への支援のために、校外各機関との連絡調整、保護者の相談対応、校内での連絡調整、特別支援教育実践の充実等の役割が求められる。

③家庭や地域との連携

　2013年6月に閣議決定された第2期教育振興基本計画には、基本的方向性の第4に「絆づくりと活力あるコミュニティの形成—社会が人を育み、人が社会をつくる好循環—」として、学校と地域の連携・協働体制を整備すること、コミュニティ・スクールを全国の小中学校の1割に拡大すること、等の目標が掲げられた。上記の方向性は2018年6月閣議決定の第3期教育振興基本計画においても保持され、すべての公立学校に学校運営協議会制度の導入を促進し運営の充実を図ることが目標として掲げられている。

　コミュニティ・スクール（学校運営協議会制度）は、「学校と地域住民等が力を合わせて学校の運営に取り組むことが可能となる「地域とともにある学校」への転換を図るための有効な仕組み」と説明されている。その主な機能は、①校長が作成する学校運営の基本方針を承認する、②学校運営に関する意見を教育委員会又は校長に述べることができる、③教職員の任用に関して、教育委員会規則に定める事項について、教育委員会に意見を述べることができる、とされる（文部科学省ホームページ）。子供の育ちを学校だけで担うのではなく、地域・家庭との協働によって支援するという考え方において、教師には、自らも地域に生きる市民の一人としての自覚と、地域社会との協働・連携のスキルが求められる。

（3）「チームとしての学校」

　社会の急激な変化に伴い、教育をめぐる問題も複雑化・困難化している。これらの課題に向き合うために、教師には、教師間で、そして他の専門職や機関と連携することが求められている。一方、これまでの学校教育は、教師が学習指導・生徒指導等、多種多様な役割を一手に担うことによって成り立ってきた。教師に求められる役割はますます増大しており、教師の多忙・長時間労働をもたらし、心身の健康に影響を及ぼす危険が増大している。

　中央教育審議会の「チームとしての学校の在り方と今後の改善方策について（答申）」（2015年12月）は、「チームとしての学校」像を「校長のリーダーシップの下、カリキュラム、日々の教育活動、学校の資源が一体的にマネジメントされ、教職員や学校内の多様な人材が、それぞれの専門性を生かして能力を発揮し、子供たちに必要な資質・能力を確実に身に付けさせることができる学校」と定義した（12頁）。そのあり方については、①専門性に基づくチーム体制の構築、②学校のマネジメント機能の強化、③教職員一人一人が力を発揮できる環境の整備、の三つの視点から具体的な提言が行われた。とくに①では、専門スタッフの活用や教職員定数の拡充、地域との連携とともに、心理や福祉に関する専門スタッフ（スクールカウンセラー、スクールソーシャルワーカー）、教員を支援する専門スタッフ（ICT支援員や学校司書、学習サポーター等）、部活動支援員、特別支援教育に関する専門スタッフ、といった教師以外の専門スタッフの参画が提言された。

　上記に述べられているように、複雑な教育問題や多種多様な教育ニーズに応えるためには、教育に関する事柄はすべて教師が担うべきである、という考え方では限界がある。教師だけでは対応が難しい問題の解決には、学校内外の専門家との連携は不可欠であると考えられる。一方で、教員の専門性の明確化、連携・協働、学校マネジメント、業務改善、人材確保、経費・予算といった課題も指摘されている（溝部ほか2018）。これらについては、今後の改善が求められるだろう。

第4節 「共生」社会を目指して―教師に不可欠な資質としての人権感覚

　こんにち、人やモノや情報が国を越えて行き交うグローバル化はますます進行している。臨時教育審議会以降、教育改革に関わるさまざまな会議においても、教育改革の柱の一つとして「世界の中の日本人」の育成が謳われてきた。前節で概観したように、近年は、特に小学校段階での外国語学習の導入・強化が進みつつある。

　一方、私たちの社会にはさまざまな人々が生活しているにもかかわらず、必ずしも多様性が考慮されているとはいえないという現状がある。さまざまな民族的背景を有する人々へのステレオタイプ、「ヘイトスピーチ」や「ヘイトクライム」の問題は今なお存在する。学校教育における「いじめ」問題に象徴されるように、「他人と違っている」ために暴力や排除の対象になる事例は身近に存在する。女性、子供、性的マイノリティ、障害（障がい）のある人々が直面する人権問題も数多ある。社会にはさまざまな人々がいることを理解し共生の道を模索することは、「世界の中の日本人」であるために乗り越えていくべき課題である。

　第3期教育振興基本計画（2018）においては、「Ⅳ．今後の教育政策に関する基本的な方針」5項目のひとつとして、「4．誰もが社会の担い手となるための学びのセーフティネットを構築する」が掲げられている。具体的な内容としては、家庭の経済状況や地理的条件によって左右されない教育機会の保障と、障がいのある子供や日本語指導が必要な子供への教育機会の保障、性的指向・性自認の多様性への適切な配慮等について述べられている。

　近年は、性的マイノリティ（通称「LGBT」）当事者の子供たちへの対応が課題となりつつある。2014年6月13日に公表された「学校における性同一性障害に係る対応に関する状況調査について」を受けて、2015年4月30日に「性同一性障害に係る児童生徒に対するきめ細かな対応の実施等について」、2016年4月に「性同一性障害や性的志向・性自認に係る、児童生徒に対するきめ細かな対応等の実施について（教職員向け）」が通知された。性的マイノリティ当事者に対する学校の対応には、教職員の共通理解が不可欠である。

多様な人々への理解を促進する手立てのひとつに、人権教育が挙げられる。2002年に人権教育・啓発に関する基本計画が策定されて以来、学校での人権教育が求められている。法務省もホームページで人権擁護に関する啓発を行っている。文部科学省の調査（2013）によれば、地方公共団体の計画策定は進んでいる一方で学校種によっては各機関との連携が十分でないところもあるという。また、近年では、性の多様性、いじめ、障がいのある人、といった多様な人々への理解を深めるための人権教育実践資料を公表している教育委員会・教育センターもみられる（例：岡山県倉敷市、三重県、等）。

　これからの教師には、「共生」社会の担い手となるべく子供を教育することが求められる。したがって、将来教職を目指そうとする学生には、人権感覚を身につけるとともに、将来にわたり、人権をめぐる学校教育の課題に取り組む態度や行動力が求められる。具体的には、児童虐待、エスニック・マイノリティが直面する問題、ジェンダー、性的指向・性自認等、子供の権利に関するさまざまな問題について積極的に学ぶとともに、「子供の最善の利益」が尊重される教育現場づくりのために何ができるか、自ら考える力を身につけていくことが必要である。

〈発展学習〉

①本章で提示した、学校教育現場における「共生」教育の課題の中から一つを選び、教育現場における現状を調査し、その課題を論じなさい。

②あなたは、教師になった時、教職10年目、教職20年目、どのような教師になっているでしょうか。そのためにはどのような学びが必要だと考えますか。各自ノートに書き出した上で、グループで話し合いを行いなさい。

〈読書案内〉

前田康裕『まんがで知る教師の学び―これからの学校教育を担うために』さくら社、2016年

　現職教頭による、マンガ形式での教職論。教職生活の各ステージで直面する課題、そして教師自身による反省的実践のプロセス、そしてこれからの教職に求められる資質・能力が、リアリティあふれるエピソードによって、わ

かりやすく描写されている。本書を一読すると、教職が一生を通じて学び続ける仕事であることに気づくだろう。なるべく、コラムで紹介されているビジネス書を読んでほしい。

堀裕嗣・金大竜『アクティブ・ラーニング時代の教師像─「さきがけ」と「しんがり」の教育論─』明石書店、2016年

　北海道在住の中学校教師と大阪在住の在日小学校教師による、往復書簡と対談形式の教育論。価値観が多様化しアクティブ・ラーニングが国家の課題となった現代における、「子ども本位」に考え子供たちを見守り「環境管理型権力」を発揮する「殿」タイプ教師の存在意義について、リーダーシップ重視で「規律訓練型権力」を発揮する「魁」タイプ教師と対比させつつ考察している。あなた自身の理想の教師像と比較し、問い直してみよう。

執筆者紹介（執筆順）

髙妻紳二郎（こうづま・しんじろう） 序章担当。福岡大学人文学部教授。
広島大学大学院教育学研究科博士課程中退。博士（教育学）。専門は教育行
政学、教育経営学。『イギリス視学制度に関する研究』（単著）多賀出版、
2007、『新・教育制度論』（改訂版）（編著）ミネルヴァ書房、2022ほか。

植上一希（うえがみ・かずき） 第1章、第3章、第7章担当。福岡大学
人文学部教授。東京大学大学院教育学研究科博士課程修了。博士（教育学）。
専門は職業教育、青年期教育論。『専門学校の教育とキャリア形成』（単著）
大月書店、2011、『わかる・役立つ 教育学入門』（共著）大月書店、2018ほか。

佐藤仁（さとう・ひとし） 第2章、第6章、第9章担当。福岡大学人文
学部教授。広島大学大学院教育学研究科博士課程修了。博士（教育学）。専
門は、比較教育学、教師教育。『現代米国における教員養成評価制度の研究』
（単著）多賀出版、2012、『世界のテスト・ガバナンス』（編著）東信堂、2021ほか。

寺崎里水（てらさき・さとみ） 第4章、第5章、第8章担当。法政大学
キャリアデザイン学部教授。お茶の水女子大学大学院人間文化研究科博士課
程単位取得退学。専門は教育社会学、学校社会学、キャリア教育。『平等の
教育社会学—現代教育の診断と処方箋』（共著）勁草書房、2019、『地域と世
界をつなぐSDGsの教育学』（編著）法政大学出版局、2021ほか。

伊藤亜希子（いとう・あきこ） 第6章、第9章担当。福岡大学人文学部
准教授。九州大学大学院人間環境学府博士後期課程単位取得退学。博士（教
育学）。専門は異文化間教育。『移民とドイツ社会をつなぐ教育支援—異文化
間教育の視点から—』（単著）九州大学出版会、2017、『日常のなかの「フツー」
を問いなおす』（共編著）法律文化社、2018ほか。

藤田由美子（ふじた・ゆみこ） 終章担当。福岡大学人文学部教授。広島
大学大学院教育学研究科博士課程修了。博士（教育学）。専門は教育社会学、
子どもの社会学、ジェンダーと教育。『子どものジェンダー構築—幼稚園・
保育園のエスノグラフィ』（単著）ハーベスト社、2015、『新版　教育社会と
ジェンダー』（共編著）学文社、2018ほか。

新版　教職概論　先生になるということとその学び

令和5年2月15日　発行

著　　者　　髙妻紳二郎 ©　　　植上　一希 ©

佐藤　　仁 ©　　　寺崎　里水 ©

伊藤亜希子 ©　　　藤田由美子 ©

発　行　者　　小貫輝雄

発　行　所　　協同出版株式会社

〒101-0054　東京都千代田区神田錦町2-5

電話　03-3295-1341（代）　FAX　03-3233-0970

ISBN978-4-319-00368-6